ROCK**RHYTHMUS**

GITARRESPIELEN

Die komplette Rockgitarren-Rhythmus-Methode

JOSEPH**ALEXANDER**

FUNDAMENTAL**CHANGES**

Rock-Rhythmusgitarre Spielen

Die komplette Rockgitarren-Rhythmus-Methode

Veröffentlicht von **www.fundamental-changes.com**

ISBN: 978-1-78933-112-7

www.fundamental-changes.com

Vielen Dank an den wunderbaren Rob Thorpe, der alle Audiobeispiele in diesem Buch aufgenommen hat.

Autoren-/Herausgebervermerk:

Die musikalischen Beispiele in diesem Buch sind jeweils "im Stil" aller im Text genannten Künstler oder Bands geschrieben. Die notierten Beispiele sollen eine Ähnlichkeit vermitteln und nur einen stilistischen Einblick in bestimmte Subgenres der Rockmusik für Bildungszwecke geben. Bei den Beispielen handelt es sich keineswegs um Transkriptionen von Songs oder um genaue Versionen der betreffenden Musik.

Wenn du der Meinung bist, dass dein geistiges Eigentum in irgendeiner Weise verletzt wurde, wendest du dich bitte an *www.fundamental-changes.com*

Mit besonderem Dank an Torsten Balduf für die wertvolle redaktionelle Mitarbeit.

Inhaltsverzeichnis

Einführung 4

Hol dir das Audiomaterial 6

Erster Teil: Die Bausteine der Rock-Rhythmusgitarre 7

Kapitel Eins: Rhythmus verstehen 7

Kapitel Zwei: Pausen, Ties und Kombinationen...14

Kapitel Drei: Rhythmuskombinationen mit 1/16-Noten 20

Viertes Kapitel: 1/16-Pausen...26

Kapitel Fünf: Gruppierungen von einzelnen Noten...34

Zweiter Teil: Akkorde, Riffs und Musik 38

Kapitel Sechs: Rock-Gitarrenakkorde 38

Kapitel Sieben: Verzierungen...50

Kapitel Acht: Barre-Akkorde und einzelne Linien 59

Klassische Rock-Styles...71

Kapitel Neun: Rock-Rhythmusgitarre durch die Jahrzehnte hindurch......................72

Schlussfolgerungen und Praxisratschläge..90

Anhang: Fortgeschrittene Rhythmusübungen..92

Einführung

Rockmusik umfasst eine große Bandbreite an Genres, Sounds und Stilen. Von den Anfängen des Rock n' Roll in den späten 50er Jahren über den Heavy Metal der 80er Jahre bis hin zum modernen Indie- und Alternative-Rock war die Gitarre stets innovativ und prägend für den Stil.

Neben der Beherrschung der rhythmischen Fähigkeiten und Techniken, die zum Spielen von Rockgitarre erforderlich sind, werden auch Fragen beantworten, wie man solide Rhythmusgitarrenparts in jedem anderen Musikstil spielt.

Dieses Buch ist in zwei Teile gegliedert und du solltest beide Teile gleichzeitig durcharbeiten. Teil 1 deckt alles ab, was du wissen musst, um Rhythmus zu verstehen und coole, solide Rockgrooves von den Grundprinzipien an aufzubauen. In diesem Abschnitt erfährst du, wie Rhythmen in der Musik funktionieren und aus diesen grundlegenden Bausteinen wirst du schnell lernen, spannende und detaillierte Rhythmusgitarrenparts zusammenzustellen. In Teil 1 wirst du deine Gitarrentechnik und dein theoretisches Verständnis dafür, wie Rhythmus auf der Gitarre funktioniert, entwickeln und gleichzeitig deine Perfomance-Fähigkeiten verbessern.

Wenn du dich an die Grundprinzipien hältst, wird dir schnell klar sein, wie ein Rhythmus auf der Gitarre ausgeführt werden soll. Indem du in dieser Phase Vertrauen und Beständigkeit entwickelst, wirst du es einfach finden, jedes Riff, das du spielst, auf ein Level zu bringen, welches vom Spielen schneller, moderner Rockmusik verlangt wird.

Das Ziel von Teil 1 ist es, einen konsistenten und präzisen Ansatz für das Spielen von Rock-Rhythmusgitarre zu festigen. Dies wird für dich von großem Nutzen sein, egal welchen Musikstil du spielst.

In Teil 1 werden wir uns auch mit dem Aufbau eines Repertoires wichtiger Akkordtypen und Variationen befassen, die häufig verwendet werden, um Riffs und musikalische Ideen auf der Rockgitarre zu verwirklichen. Wir werden untersuchen, wie man offene Akkorde, Powerchords, Voll- und Teilbarré-Akkorde verwendet. Wir werden uns dann ansehen, wie wir diese Akkord-Ideen mit Single-Note-Riffs kombinieren können, um interessante und komplexe Rock-Gitarrenparts zu konstruieren.

Teil 2 wirft einen detaillierten Blick darauf, wie sich die Rockgitarre in den letzten fünfzig Jahren entwickelt hat. Er enthält viele aktuelle Riffs, die von den größten Bands jedes Jahrzehnts inspiriert wurden. Hier werden Theorie und Technik in die Praxis umgesetzt, um musikalische Beispiele zu schaffen, die die in Teil 1 entwickelten Fähigkeiten festigen.

Es gibt „Im Stil von"-Riffs für jede wichtige Rock-Gitarrenbewegung, von Rockabilly bis 80er Jahre Shred. Moderne „Indie"-Beispiele sind ebenso enthalten wie die prägenden Rock-Klassiker der 60er und 70er Jahre.

Rockgitarre kann ein technisch anspruchsvolles Genre sein, daher empfehle ich dir, dieses Buch in Verbindung mit meinem anderen Bestseller **Moderne Technik für E-Gitarre** zu verwenden, um deine Fähigkeiten schneller zu entwickeln. Ich empfehle dir sehr, die Abschnitte in „Moderne Technik..." zusammen mit diesem Buch durchzuarbeiten, um deine Technik aufzubauen und das Beste aus den hier gelehrten Rockriffs und Konzepten herauszuholen.

Die Idee hinter **Rock Rhythmusgitarre** ist einfach: In Teil 1 rhythmische Technik und Verständnis mit Akkordwissen zu verbinden, bevor diese Fähigkeiten in Teil 2 in praktische Musik umgesetzt werden. Es besteht keine Notwendigkeit, dieses Buch von vorne nach hinten durchzuarbeiten, und ich ermutige dich sehr, gleichzeitig Teil 1 und Teil 2 zu bearbeiten.

Jede Übung in diesem Buch wird von einem Audiobeispiel begleitet, das kostenlos unter **www.fundamental-changes.com** heruntergeladen werden kann. Ich empfehle dir, direkt auf die Seite zu gehen, um das Audio zu erhalten, da es dir helfen wird, jedes Beispiel viel schneller zu lernen und zu verstehen. Klicke einfach auf die Registerkarte „Audio herunterladen" und wähle dieses Buch aus dem Dropdown-Menü.

Lade das Audio auf deinen PC herunter (nicht direkt auf dein iPad, Kindle oder Telefon). Extrahiere das Audio aus der .zip-Datei und importiere es dann in deine Medienbibliothek. Es ist wirklich einfach und bei Problemen gibt es ein Hilfe-PDF auf der Download-Seite.

Beim Musiklernen geht es darum *zu hören,* wie die Musik klingen soll. Manchmal ist es unmöglich, die Nuancen und das Gefühl der Musik zu zeigen, wenn sie in Tabulatur und Notation aufgeschrieben ist, also empfehle ich dringend, das Audio anzuhören, um das Beste aus den 152 Beispielen in diesem Buch herauszuholen.

Der Audio-Download enthält auch wichtige Backing Tracks, mit denen du die Beispiele mitspielen und gleichzeitig ein tolles Rock-Gitarren-Feeling entwickeln kannst.

Die Idee hinter diesem Buch ist, dir zu helfen, die grundlegenden Fähigkeiten der Rockgitarre zu beherrschen und zu verinnerlichen, und zu erkennen, wie diese grundlegenden Bausteine verwendet wurden, um einige der wichtigsten Riffs und Songs der letzten hundert Jahre zu erschaffen. Sobald du diese Bausteine gemeistert hast, kannst du dir schnell jede Art von Rock-Gitarrenmusik aneignen, lernen oder selbst die Musik schreiben, die du in deinem Kopf hörst.

Viel Spaß dabei!

Joseph

Hol dir das Audiomaterial

Die Audiodateien zu diesem Buch stehen unter **www.fundamental-changes.com** zum kostenlosen Download zur Verfügung. Der Link befindet sich oben rechts in der Ecke. Wähle einfach diesen Buchtitel aus dem Dropdown-Menü aus und folge den Anweisungen, um das Audiomaterial zu erhalten.

Wir empfehlen dir, die Dateien direkt auf deinen Computer herunterzuladen, nicht auf dein Tablet, und sie dann zu extrahieren, bevor du sie zu deiner Medienbibliothek hinzufügst. Du kannst sie dann auf dein Tablet, deinen iPod legen oder auf CD brennen. Auf der Download-Seite gibt es ein Hilfe-PDF und wir bieten auch technischen Support über das Kontaktformular an.

Für über 350 kostenlose Stunden mit Videos gehe auf:

www.fundamental-changes.com

Über 10.000 Fans auf Facebook: **FundamentalChangesInGuitar**

Instagram: FundamentalChanges

Erster Teil: Die Bausteine der Rock-Rhythmusgitarre

Kapitel Eins: Rhythmus verstehen

Die Mehrheit der Rock-Rhythmus-Gitarrenparts besteht aus rhythmischen Unterteilungen in 1/4-Noten, 1/8-Noten und 1/16-Noten (Viertelnoten, Achtelnoten und Sechzehntelnoten). Es ist wichtig, Verständnis und Kontrolle darüber zu entwickeln, wie diese Muster funktionieren und sich anfühlen, um authentische und genaue Gitarrenparts zu produzieren.

Die Übungen in diesem Kapitel beginnen ganz einfach, obwohl du schnell lernen wirst, wie sie komplex, kraftvoll und musikalisch klingen können.

Wir beginnen damit, zu untersuchen, wie man Rhythmus-Gitarrenparts von Grund auf erstellt, und arbeiten daran, präzise und musikalische Kombinationen von jedem Rhythmus auf der Gitarre zu spielen. Wenn wir anfangen, diesen rhythmischen Ideen Akkorde hinzuzufügen, wird die Musik plötzlich voller Ausdrucksmöglichkeiten.

1/16-Noten, wie der Name schon sagt, teilen einen Takt (oder Zeitmaß) der Musik in sechzehn gleiche Teile. Es gibt vier gleiche Einheiten eines Schlages in einem Takt mit vier Schlägen. 1/16-Noten sind üblicherweise die kleinste Einheit des Beats in der Rock-Rhythmusgitarre und letztendlich unser rhythmisches Ziel. Wenn wir alle Rhythmen mit 1/16-Noten verstehen, fühlen und *spielen* können, wissen wir, dass wir eine solide rhythmische Grundlage für alles, was folgt, geschaffen haben.

Bevor wir 1/16-Noten spielen, werden wir die Genauigkeit mit kleineren Unterteilungen des Taktes (1/4- und 1/8-Noten) üben, so dass wir die exakte Platzierung der Noten auf jedem rhythmischen Level beherrschen lernen.

In der Rockmusik basiert die Mehrheit der Rhythmen, die du spielen wirst, auf 1/4-Noten- und 1/8-Noten-Kombinationen. 1/16-Noten-Rhythmen erscheinen eher in „heavy" Rock-Rhythmen (denke an Van Halen bis Metallica), also betrachte, in Bezug auf deine Entwicklung als Gitarrist, die Arbeit an präzisen 1/16-Noten-Rhythmen als zusätzliche Ebene an technischem Können, die du erwerben solltest.

Du wirst dazu neigen, eher 1/16-Noten zu spielen, wenn du die härtere Seite des Rock magst, aber selbst wenn du es nicht tust, sind 1/16-Noten immer noch ein wesentlicher Bestandteil des Arsenals eines jeden großen Rockgitarristen.

Wir beginnen damit, einen einzelnen Takt (oder Zeitmaß) von Musik in vier einheitliche Schläge (1/4-Noten) aufzuteilen. Die Ausführung dieses Rhythmus mag einfach erscheinen, aber er ist grundlegend für alles, was du jemals auf der Gitarre spielen wirst.

Achte im folgenden Beispiel auf die unter jeder Note angegebenen Schlagrichtungen. Die Kontinuität in der Schlaghand ist äußerst wichtig, da sie es uns ermöglicht, das Timing genau einzuhalten und stets zu spüren, wo wir uns im Takt befinden.

Es sei darauf hingewiesen, dass jede rhythmische Akkord-Idee auch als Rhythmus in einem Gitarrensolo verwendet werden kann.

Höre dir Beispiel 1a an, bevor du die Aufnahme mitspielst.

Beispiel 1a:

Dämpfe die Saiten der Gitarre mit deiner Greifhand, um einen „Scratch"-Sound zu erzeugen. Dies kann erreicht werden, indem man die Finger der Greifhand leicht über alle sechs Saiten legt, um den Klang zu unterdrücken.

Vermeide es, zu stark auf die Saiten zu drücken, da du sonst unerwünschte Töne erzeugst. Achte auch darauf, dass du keine *Obertöne* erzeugst, indem du versehentlich leicht auf den 5. oder 7. Bund drückst. Ziel ist es, einen stumpfen, gedämpften Klang zu erzeugen, so dass du genau hören kannst, wo jeder Anschlag rhythmisch liegt.

Spiele Beispiel 1a mit einem Metronom, das auf 60 bpm eingestellt ist. Die kleinen Kreise über jedem Anschlag stellen den Metronom-Klick dar. Achte darauf, dass jeder Abschlag perfekt mit dem Klick im Takt ist. Dies kann zunächst sehr knifflig sein. Konzentriere dich auf den Klick und nicht auf das Strumming.

Teile nun jeden Abschlag (1/4-Note) in zwei Teile, wodurch 1/8-Noten entstehen. Füge zwischen den einzelnen Abschlägen einen gleichmäßigen Aufschlag hinzu. Auch hier stellt der kleine Kreis den Metronom-Klick dar und jeder Abschlag sollte perfekt mit dem Klick synchronisiert werden. Der Aufschlag sollte genau in der Mitte zwischen jedem Abschlag platziert werden.

Beispiel 1b:

Probiere die Übung 1b mit unterschiedlichen Geschwindigkeiten aus. Beginne bei 60 bpm, arbeite dich allmählich bis zu 120 bpm hoch und erhöhe die Geschwindigkeit des Metronoms allmählich um etwa 8 bpm, wann immer du bereit bist. Wichtig ist, auf das Timing deines *Abschlags* zu achten. Er sollte immer perfekt mit dem Metronom-Klick synchronisiert werden.

Als nächstes versuche, die Geschwindigkeit des Metronoms auf 40 bpm oder weniger zu reduzieren. Das genaue Spielen in einem langsamen Tempo ist schwieriger als in einem schnelleren Tempo, da wir mental eine größere Zeitspanne unterteilen müssen.

Spiele anschließend die 1/16-Notenteilung des Taktes, indem du die Anschläge im vorherigen Beispiel „verdoppelst". Du spielst jetzt *vier Anschläge pro Metronomklick.*

Beginne mit 60 bpm auf dem Metronom und konzentriere dich darauf, den *ersten* Anschlag von jeder Gruppe von vier Anschlägen direkt auf den Klick zu setzen. Du spielst eine Sequenz von *ab-auf-ab-auf* für jeden Metronom-Klick.

Versuche, den ersten von jeweils vier Anschlägen zu betonen, indem du ihn etwas härter anschlägst. Dies wird dir helfen, im Takt zu bleiben.

Höre dir sich das Audiobeispiel genau an, um ein Gefühl dafür zu bekommen, und um deine Genauigkeit zu überprüfen.

Beispiel 1c:

Wenn sich deine Genauigkeit zu verbessern beginnt, erhöhe die Geschwindigkeit des Metronoms in Schritten von 8 bpm und arbeite dich allmählich bis zu 120 bpm hoch, wobei du die Genauigkeit niemals für die Geschwindigkeit opfern solltest. Wenn das Tempo zu anspruchsvoll ist, verlangsame es ein wenig und arbeite in kurzen Abständen, um deine Ausdauer zu entwickeln.

Verbessere auch deine Genauigkeit, indem du die Geschwindigkeit des Metronoms auf 50 oder sogar 40 bpm reduzierst. Langsameres Spielen erfordert mehr Kontrolle und Konzentration, daher ist es eine gute Möglichkeit, deine Fertigkeit zu verbessern.

Als nächstes wiederholst du die vorherigen drei Übungen, aber diesmal spielst du jeden Rhythmus mit einem einzigen Powerchord, anstatt eine einzelne gedämpfte Saite zu spielen. (Siehe Kapitel 6 für viele weitere Informationen über Powerchords).

Powerchords werden später im Detail besprochen, aber stelle momentan einfach sicher, dass du nur auf die im Akkorddiagramm und in der Notation angegebenen Saiten triffst. Wenn du willst, kannst du die Gitarrensaiten leicht abdämpfen, indem du den Ballen deiner Schlaghand leicht auf die Saiten neben dem Gitarrensteg legst.

Beachte, dass sich das Spielen von gegriffenen Noten etwas anders anfühlt als das Spielen von gedämpften Saiten, daher muss es separat geübt werden. Du kannst auch experimentieren, indem du den Druck deiner Greifhand variierst, um mehr oder weniger gedämpfte Noten zu erzeugen.

Wenn du die folgenden Beispiele spielst, füge ein wenig Gain auf deinem Verstärker für einen „crunchy" Sound hinzu, damit du lernst, mit etwas Verzerrung umzugehen. Halte die Verzerrung dezent und finde mit deiner Schlaghand eine gute Dämpfung, um den Klang artikuliert und definiert zu halten.

Beispiel 1d:

Beim Spielen von Rockgitarren-Rhythmen gibt es zwei Möglichkeiten, sich dem Spielen konsistenter 1/8-Noten zu nähern. Die erste, wie du dir vielleicht denken kannst, ist, den technisch „offensichtlichsten" Ansatz zu verwenden und die 1/8-Noten mit abwechselnden Ab- und Aufschlägen zu spielen, wie wir es in Beispiel 1b getan haben. Dies wird unten gezeigt:

Beispiel 1e:

Es ist jedoch äußerst wichtig zu verstehen, dass Rhythmusgitarristen dazu neigen, 1/8-Noten als die stärksten rhythmischen Unterteilungen in einem Song zu empfinden.

Die Drums und andere Instrumente betonen den 1/4-Takt von 1, 2, 3, 4, aber Rockgitarristen neigen dazu, sich an den 1/8-Takt des Songs zu „klammern" und ihn als Basiseinteilung zu verwenden. Höre dir frühe Black Sabbath-Werke an, um ein Gefühl dafür zu bekommen. Die Strophe in *Paranoid* ist ein gutes Beispiel.

Aus diesem Grund spielen Gitarristen oft jede 1/8-Note als Abschlag und das trägt sehr viel zu den treibenden 1/8-Noten-Rhythmen des Rock bei.

Beispiel 1f:

Vergleiche, wie es sich anfühlt, die beiden vorherigen Beispiele zu spielen, indem du zusammen mit dem ersten Backing-Track spielst und achte auf das unterschiedliche Feeling, das in jedem Beispiel erzeugt wird.

Die Art und Weise, wie du ein Rhythmusmuster spielst, hängt oft vom Tempo und Stil des Songs ab, aber die meisten Rockgitarristen spielen kontinuierliche 1/8-Noten-Rhythmen mit ausschließlich Abschlägen, genau wie in Beispiel 1f.

Wenn wir in die 1/16-Notendivision wechseln, werden die meisten Spieler sie abwechselnd als Ab- und Aufschlag spielen (obwohl viele moderne 'Thrash' und' Death' Metal Spieler 1/16tel ausschließlich mit Abschlägen spielen). Fürs Erste schlage ich vor, dass du dich an den Wechselschlag bei 1/16-Noten hältst.

Wenn du Rhythmen mit 1/16-Noten spielst, können sich die Noten leicht nach einem undefinierten Durcheinander anhören (besonders beim Spielen mit Distortion). Achte darauf, dass du ein leichtes Palm Muting benutzt, um jeden Schlag zu artikulieren.

Übe das folgende Beispiel, um ein straffes Rhythmusspiel mit 1/16-Noten zu entwickeln.

Beispiel 1g:

Um weiter Genauigkeit aufzubauen und den Wechsel zwischen verschiedenen rhythmischen Levels zu üben, probiere die folgende Übung aus, die zwischen 1/4-, 1/8- und 1/16-Noten wechselt.

Beispiel 1h:

Um die Kontrolle über deinen Anschlag zu erleichtern und deine Genauigkeit zu verbessern, versuche, den Ballen deiner Schlaghand auf die tieferen (unbenutzten) Saiten der Gitarre zu legen. Halte die Spannung in deiner Schlaghand so locker und entspannt wie möglich, aber achte darauf, dass die Haut des Handballens die sechste und fünfte Saite ständig berührt, um sie zu dämpfen.

Das Geheimnis, bei dieser Art von Übung Genauigkeit aufzubauen ist es, sich mehr auf den Klick des Metronoms als auf den Klang der Gitarre zu konzentrieren. Wenn du deine Aufmerksamkeit auf das Metronom verlagerst, wirst du bald sicherer im Takt spielen. Das gilt auch für das Spielen mit einer Band: Indem wir uns auf den Rhythmus und die Musik anderer konzentrieren, können wir oft besser im Groove spielen.

Es mag zwar nicht sonderlich cool aussehen, aber wenn du mit dem Fuß zu dem Beat wippst, wirst du schnell die rhythmischen Unterteilungen verinnerlichen und dein Taktgefühl verbessern können.

Als nächstes erhöhe die Frequenz, mit der du die rhythmischen Unterteilungen änderst.

Beispiel 1i:

Versuche, verschiedene rhythmische Unterteilungen zu kombinieren und Powerchords hinzuzufügen, um die Linie musikalisch zu machen.

Beispiel 1j:

Beispiel 1k:

Übe die beiden vorherigen Übungen bei 60 bpm und erhöhe die Geschwindigkeit des Metronoms schrittweise auf bis zu 120 bpm.

Der beste Ratschlag, den ich dir geben kann, um diese Art von Rhythmen zu lernen, ist, sicherzustellen, dass dein Fuß zu dem Beat mitwippt. Das Wippen mit dem Fuß hilft dir, den Takt körperlich zu spüren, anstatt nur mental auf Schallwellen zu reagieren, die durch die Luft gehen.

Indem du den Beat physisch verinnerlichst, musst du weniger über den Rhythmus *nachdenken* und *spürst,* ob du im Takt bist.

Wenn es zu viel Hirnakrobatik ist, diese Rhythmen zu spielen, während du mit dem Fuß wippst und gleichzeitig im Takt mit dem Metronom spielst, schalte das Metronom für eine Weile aus. Versuche ohne Metronom, dass die Anschläge auf der Gitarre mit deinem Fuß synchron sind. Wenn das klappt, schalte das Metronom bei etwa 40 bpm wieder ein, und spiele und wippe synchron zum Klick.

Als ich damit angefangen habe, brauchte ich lange, um zu erkennen, dass mein Fuß mit dem Klick nicht synchron war, und das wirkte sich negativ auf *alles* aus, was ich auf der Gitarre spielte. Erst als ich mich ernsthaft auf meine Füße konzentrierte, verbesserte sich mein Rhythmusgefühl dramatisch. Dies zu üben ist eine lohnende Investition in deine Übungszeit und hat weitreichende Vorteile für alles, was du spielst.

Um diese grundlegenden Rock-Rhythmen zu praktizieren, schreibe selbst einige mit den Unterteilungen, die du in diesem Kapitel gelernt hast. Versuche, verschiedene Powerchords hinzuzufügen, um deine eigenen einzigartigen Riffs zu erstellen.

Wenn du diese Rhythmen kombinierst, wirst du hören, wie ein Rock-Gitarrenpart aufgebaut ist, obwohl es natürlich viel mehr zu entdecken gibt, als nur diese grundlegenden Rhythmen.

Kapitel Zwei: Pausen, Haltebögen und Kombinationen

Oftmals beinhaltet die Rock-Rhythmusgitarre das Spielen *synkopierter* Rhythmen. Ein synkopierter Rhythmus ist ein musikalisches Gestaltungsmittel, bei dem die Betonungen zwischen den Hauptschlägen liegen.

In Kapitel 1 hast du einen konsistenten Ansatz für das Strumming entwickelt, und ich habe betont, dass der Aufbau der Konsistenz des *Ab-auf-ab-auf* 1/16-Noten-Schlagmusters es dir ermöglicht, Rhythmen zu fühlen und in den Takt zu setzen.

Diese Konsistenz wird jetzt sehr wichtig, wenn wir uns das Spielen komplizierterer Rhythmen ansehen. Ohne ein regelmäßiges *Ab-auf-ab-auf* in der Schlaghand ist es leicht, den Rhythmus zu verlieren und mit der Band nicht synchron zu spielen. Betrachte die Schlaghand als deinen persönlichen Dirigenten.

Pausen

Durch die Verwendung von Pausen (stille Schläge) und Haltebögen (das Verbinden der Dauer zweier Noten) können wir ganz einfach komplexe Rock-Gitarrenparts erstellen.

Die erste Art der Pause, die ich vorstellen will, ist die 1/8-Pause. Sie wird so geschrieben:

Indem wir diese Pause auf einen Abschlag legen, können wir ein rhythmisches „Loch" im Gitarrenpart lassen. Diese Löcher helfen, interessante Synkopen und musikalische Variationen zu erzeugen.

Aus dem vorherigen Kapitel weißt du, dass eine Note, die auf den Taktschlag fällt, immer mit einem Abschlag gespielt wird und dass das Geheimnis, präzise Rock-Rhythmusgitarre zu spielen, immer darin besteht, deine Schlaghand im Takt der Musik auf und ab bewegen zu lassen. Auch wenn du nicht mit den Saiten in Kontakt kommst, ist das „Ghosting" mit deiner Schlaghand unerlässlich, um im Takt zu bleiben.

Betrachte die Schlagrichtungen im folgenden Beispiel, um zu sehen, wie ein synkopiertes 1/8-Notenmuster gespielt wird.

Beispiel 2a:

Wie du sehen kannst, gibt es 1/8-Pausen auf einigen der Abschläge. Die Schlagrichtung unter dem Beispiel zeigt den Abschlag in Klammern geschrieben. Wenn ein Schlag in Klammern steht, berührst du die Saiten nicht.

Die Idee ist es, die Schlaghand im Takt auf und ab zu bewegen und einfach die Saiten zu *verpassen,* wenn eine Pause kommt. Höre dir das Audiobeispiel genau an, um es in Aktion zu hören.

Als nächstes werden wir dem vorherigen Rhythmus Powerchords hinzufügen, um zu zeigen, wie eine solche Idee in einem musikalischen Rockkontext gespielt werden kann.

Beginne mit etwa 50 bpm auf dem Metronom

Für dieses Beispiel bin ich zu einem „Ab-Auf" Anschlag auf den ersten beiden 1/8-Noten des Taktes zurückgekehrt. Obwohl dies im Widerspruch zu den Ratschlägen im vorherigen Abschnitt zu stehen scheint, jede 1/8-Note als Abschlag zu spielen, hilft eine konstante Ab-Auf-Bewegung in der Schlaghand wirklich, den Takt zu halten, wenn der Rhythmus so synkopiert wird. Lerne den Rhythmus mit diesem Schlagmuster und entscheide dann, wie du ihn spielen möchten, sobald du das Gefühl der Übung innehast.

Beispiel 2b:

Hier sind einige andere Riffs, die 1/4-Noten, 1/8-Noten und 1/8-Pausen kombinieren.

Übe, jeden Rhythmus mit gedämpften Schlägen durchzuspielen („scratched"), bevor du die notierten Akkorde einfügst. Verwende Palm Muting und das Dämpfen mit der Greifhand, um die Akkorde und Pausen zu artikulieren.

Diese Beispiele ähneln vielen 80er und 90er Jahren Rockriffs. Die einfache Einführung der 1/8-Pause in einer Powerchord-Sequenz hilft dem Riff, lebendig zu werden.

Beispiel 2c:

Beispiel 2d:

Beispiel 2e:

Übe, die vorherigen Beispiele zu beschleunigen und zu verlangsamen. Verwende entweder ein Metronom oder Backing-Track Eins.

Haltebögen

In der Musik ist ein Tie ein Symbol, das bedeutet: „Spiel die erste Note und halte sie für den Wert der zweiten Note".

Es wird so geschrieben:

Spiele im folgenden Beispiel die erste Note jedes gebundenen Paares, aber nicht die zweite. Achte auf das Strumming-Muster, insbesondere auf die Schläge, die Leerschläge sind (in Klammern dargestellt).

Beispiel 2f:

Höre das Audiobeispiel an und spiele es mit, um sicherzustellen, dass dein Spiel korrekt ist.

Es gibt einen großen Unterschied zwischen der Verwendung von Haltebögen und der Verwendung von Pausen, je nachdem, ob wir klingende Akkorde oder gedämpfte Noten spielen.

Das folgende Beispiel zeigt den vorherigen Rhythmus, der mit Pausen anstelle von Haltebögen geschrieben wurde.

Beispiel 2g:

Wie du im Audiobeispiel hören kannst, haben diese beiden Rhythmen ein sehr unterschiedliches Feeling, obwohl sich die Schläge an der gleichen Stelle befinden.

Der Unterschied zwischen dem Spielen einer Pause und einem Haltebogen kann weitreichende Auswirkungen auf den Groove der Musik haben, die wir spielen.

Haltebögen können uns erlauben, einen Akkord in einem Riff *vorwärts* zu bewegen. Sie können beispielsweise verwendet werden, um einen Akkordwechsel *vor* eine Taktlinie zu verschieben.

Betrachte die folgenden beiden Beispiele und höre die Audiospuren genau an.

Beispiel 2h:

Beispiel 2i:

Beide Beispiele verwenden die gleiche Akkordfolge und werden im gleichen Tempo mit sehr ähnlichen Schlagmustern gespielt, aber das zweite Beispiel hat viel mehr Energie und Vorwärtsdynamik.

Diese zusätzliche Energie wurde erzeugt, indem jeder neue Akkord eine 1/8-Note früher gespielt wurde. Jeder Akkordwechsel wird auf der letzten 1/8-Note des Taktes gespielt und wird mit Schlag eins des nächsten Takts gebunden. Dies fügt nicht nur Energie und Vorwärtsbewegung hinzu, sondern erzeugt auch ein interessantes rhythmisches „Loch" auf Schlag eins von Takt zwei, drei und vier, wo man normalerweise erwarten würde, dass ein Akkord platziert wird.

Die Verwendung von Haltebögen auf diese Weise bringt viel Energie in die Rock-Riffs. Stelle sicher, dass Bassist und Schlagzeuger wissen, was los ist, damit ihr rhythmisch auf einer Wellenlänge seid.

Die meisten Rockmusiker würden diese Technik als das *Drücken* (pushing) aller Akkorde beschreiben, da jeder Akkord im Song um eine 1/8-Note nach vorne gedrückt wird. (Klassische Musiker nennen diese Technik „Antizipation"). Verschiedene Bands drücken die Akkorde mehr oder weniger stark. Zum Beispiel hört man in AC/DC-Songs viele gedrückte Akkorde, dafür weniger bei der Musik von Black Sabbath.

Die folgenden drei Musikbeispiele kombinieren die in diesem Kapitel vorgestellten Techniken.

Beispiel 2j:

Beachte den Slide-Akkord in Beispiel 2j, der zum D5-Akkord führt, der über die Taktlinie gebunden ist.

Beispiel 2k:

Beispiel 2l:

Vergiss nicht, du kannst alle Hörbeispiele für dieses Buch herunterladen: **www.fundamental-changes.com**

Kapitel Drei: Rhythmuskombinationen mit 1/16-Noten

Jetzt hast du ein Verständnis dafür, wie Haltebögen und Pausen mit 1/8-Noten und Rhythmen funktionieren. Nun kannst du damit beginnen, sie mit den 1/16-Noten zu verwenden, die in modernen Rock-Gitarrenparts üblich sind.

Lass uns sehen was passiert, wenn du anfängst, Haltebögen zu verwenden, um 1/16-Noten zusammenzufügen.

Denke daran, dass ein Haltebogen anzeigt, dass du die erste Note spielst und sie weiterhin für den Wert der zweiten, gebundenen Note hältst.

Im folgenden Beispiel spiele ich kontinuierliche 1/16-Noten für einen Takt lang und binde dann die ersten beiden 1/16-Noten in jedem Beat. Meine rechte Hand hört nicht auf, sich während des gebundenen Rhythmus auf und ab zu bewegen.

Die folgenden Beispiele werden aus Gründen der Übersichtlichkeit in den Diagrammen mit einer einzigen Note notiert. Du solltest jedoch mit komplett gedämpften Saiten beginnen, da dir viel Bewegung hilft, genauer zu sein.

Beispiel 3a:

Höre das Audio an und spiele die Übung durch, bis du dich sicher fühlst.

Das Binden zweier 1/16-Noten ist mathematisch dasselbe wie das Spielen einer 1/8-Note (1/16 + 1/16 = 1/8).

Das bedeutet, dass das vorherige Beispiel auf folgende Weise umgeschrieben werden kann:

Obwohl die beiden vorherigen Beispiele identisch klingen, wirst du wahrscheinlich das zweite besser lesbar finden.

Beachte, dass das Picking/ Strumming-Muster identisch ist.

Durch das Binden verschiedener 1/16-Noten können wir einige der am häufigsten verwendeten Rhythmen in der Musik erzeugen.

Im nächsten Beispiel werden jeweils die *mittleren* beiden 1/16-Noten im zweiten Takt miteinander verbunden. Denke daran, diese Beispiele mit vollständig gedämpften Schlägen über alle Saiten zu spielen. Spiele nicht nur die einzelnen Saiten, die notiert sind.

Beispiel 3b:

Auch hier bewegt sich die Schlaghand weiterhin *ab-auf-ab-auf*, aber diesmal verpasst du den zweiten *Abschlag* jeder Gruppe: *„Ab-auf Auf-ab-auf Auf"*.

Hier ist das gleiche Diagramm ohne die eingeklammerten Schläge. Möglicherweise ist es klarer zu lesen:

Mit der gleichen Logik wie in Beispiel 3a kann diese Übung umgeschrieben werden zu:

Spiele zusammen mit dem Audiotrack und stelle sicher, dass du mit dem Fuß im Takt wippst. Sonst kann es leicht passieren, dass du den Rhythmus falsch spielst.

Binde schließlich (vorerst) die letzten beiden 1/16-Noten jedes Schlages zusammen.

Beispiel 3c:

Dies kann wie folgt geschrieben werden:

Durch die Verknüpfung verschiedener Paare von 1/16-Noten haben wir vier verschiedene rhythmische Gruppierungen geschaffen.

Durch die Kombination dieser vier rhythmischen Gruppierungen mit 1/16-Noten ist es möglich, extrem komplizierte Rockgitarren-Rhythmen zu erzeugen.

Die Kombinationen dieser Rhythmen sind nahezu unbegrenzt, besonders wenn man bedenkt, dass wir auch wieder Pausen in den Phrasen einbauen können.

Bevor du weitermachst, stelle sicher, dass du die vier grundlegenden rhythmischen Bausteine der Rockgitarre, die in Beispiel 3d gezeigt werden, spielen, erkennen und lesen kannst:

Beispiel 3d:

Spiele Beispiel 3d mit vollständig gedämpften Schlägen durch, bevor du die Übung auf einer einzelnen gedämpften Saite spielst.

Nachdem du nun die vier wichtigsten 1/16-Notenmuster gemeistert hast, kombiniere diese zu eintaktigen Phrasen. Die folgenden Beispiele führen erneut Powerchords ein, um die Rhythmen musikalisch und interessanter zu machen, obwohl es dir vielleicht auch hier wieder leichter fällt, mit gedämpften Schlägen zu beginnen, wenn du die rhythmischen Kombinationen beherrschst.

Nutze Palm Muting, um die Rhythmen besser zu hören.

Beispiel 3e kombiniert nur zwei der vorherigen Rhythmen.

Beispiel 3e:

Beispiel 3f kombiniert drei 1/16-Notengruppierungen.

Beispiel 3f:

Beispiel 3g verwendet die gleichen drei Gruppierungen auf unterschiedliche Weise.

Beispiel 3g:

Beispiel 3h verwendet alle vier 1/16-Notengruppierungen. Nutze starke Verzerrung und Palm Muting für einen Heavy Metal-Vibe.

Beispiel 3h:

Beispiel 3i zeigt einen anderen Ansatz.

Beispiel 3i:

Schließlich führt Beispiel 3j die 1/8-Pausen wieder ein.

Beispiel 3j:

Wichtiger Hinweis

Im vorherigen Beispiel findest du vielleicht, dass sich die 1/8-Note in Schlag drei natürlicher als Abschlag anfühlt. Das ist absolut in Ordnung, solange du im Takt bleibst. Das Folgende könnte komfortabler sein:

Mein Ratschlag ist, so zu spielen, wie es sich am bequemsten anfühlt, solange man sich daran hält. Konsistenz in deinem Anschlag ist unglaublich wichtig, wenn du dein rhythmisches Vokabular aufbaust.

Mit verschiedenen Schlagrichtungen wirst du feststellen, dass es sich am Ende leicht anders anhört. Irgendwann wirst du in der Lage sein, den Anschlag nach Belieben zu variieren, also mach dir im Moment keine allzu großen Sorgen darüber.

Stelle sicher, dass du mit deinem Fuß im Rhythmus mitwippst und den Unterschied zwischen den Akkorden und den Pausen betonst. Dies kann durch sorgfältige Kontrolle des Drucks in der Greifhand erreicht werden.

Viertes Kapitel: 1/16-Pausen

Bisher haben wir vier gängige 1/16-Noten-Gruppierungen untersucht und wie sie zu interessanten Rockgitarren-Riffs kombiniert werden können.

Diese vier Rhythmen sind:

Es gibt jedoch auch andere Gruppierungen von 1/16-Noten, die durch die Einbeziehung von 1/16-Pausen in diese Muster erzeugt werden können. Lass uns zunächst untersuchen, wie sich das Gefühl des Riffs ändert, wenn wir die 1/8-Noten im vorherigen Diagramm durch eine 1/16-Note ersetzen, gefolgt von einer 1/16-Pause.

In der Musiknotation wird eine 1/16-Pause so geschrieben: 𝄿

Vergleiche zunächst den Klang einer 1/8-Note mit dem einer 1/16-Note, gefolgt von einer 1/16-Pause. Vergleiche die Notation im ersten Takt mit der Notation im zweiten.

In diesem Beispiel wird ein E5 Powerchord verwendet. Lass deine Greifhand locker, um die Pausen in Takt zwei zu kreieren.

Beispiel 4a:

Höre nun die gleiche Phrasenzeile an und spiele sie mit einem vollständig gedämpften Anschlag anstelle eines Powerchords. Denke daran, alle Saiten zu dämpfen und zu spielen, die einzelnen Noten stehen nur aus Gründen der Klarheit da.

Wie du hören kannst, klingen beide Takte identisch, wenn sie mit gedämpften Anschlägen gespielt werden.

Beispiel 4b:

Im Beispiel 4a hast du gehört, dass eine 1/16-Note gefolgt von einer 1/16-Pause einen ganz anderen rhythmischen Effekt erzeugt als nur die Verwendung einer 1/8-Note. Der zweite Takt ist aggressiver als der erste, auch wenn die tatsächlichen Akzente der einzelnen Rhythmen identisch sind.

Versuche, die restlichen rhythmischen Kombinationen der 1/16-Noten von der vorherigen Seite auf diese Weise zu spielen. Spiele mit einem E5-Akkord den ersten Takt mit einer 1/8-Note und den zweiten Takt mit einer 1/16-Note, gefolgt von einer 1/16-Pause.

Der einzige Unterschied zwischen den Takten besteht darin, dass man die 1/8-Noten nicht klingen lässt, sondern man löst sie auf, indem man den Druck der Greifhand sanft aufhebt.

Du musst nicht jedes Mal alle Saiten anspielen. Versuche, den Gitarrenpart atmen zu lassen.

Beispiel 4c:

Beispiel 4d:

Um den Unterschied zwischen der Verwendung einer vollen 1/8-Note und einer 1/16-Note gefolgt von einer 1/16-Pause hervorzuheben, kannst du diese verschiedenen Gruppierungen in schneller Abfolge spielen.

Beispiel 4e:

Stelle sicher, dass du diesen Ansatz mit allen Kombinationen der 1/16- und 1/8-Note verwenden kannst.

Kombiniere nun einige dieser Kombinationen. Achte auf die Notenlängen in jeder Gruppierung. Steuere die Dämpfung mit deiner Greifhand, so dass du den Unterschied zwischen einer 1/8-Note und einer 1/16-Note, gefolgt von einer 1/16-Pause, klar artikulieren kannst.

Beispiel 4f:

Beispiel 4g:

Beispiel 4h:

Erfinde und übe so viele Varianten dieser Idee, wie du dir vorstellen kannst. Sobald du diese Rhythmen gemeistert hast, versuche, die Akkorde in jedem Beispiel zu ändern, um interessante und originelle Powerchord-Riffs zu erstellen.

Weitere Gruppierungen mit 1/16-Pausen

Es gibt eine wichtige 1/16-Noten-Gruppierung, die wir noch nicht berücksichtigt haben: eine 1/16-Pause auf dem *ersten* Schlag jedes Taktes.

Indem man eine 1/16-Pause auf die erste Gruppe legt, entsteht ein rhythmisches „Loch" auf dem Schlag. Das ist eine äußerst effektive musikalische Idee.

Beachte, dass der erste Abschlag in jedem Beat in Klammern ist, so dass er nicht gespielt wird. Vergiss nicht, dass deine Schlaghand nie aufhören sollte, sich auf und ab zu bewegen. *Verpasse* einfach *die Saiten*, während du an ihnen auf dem ersten Abschlag vorbeikommst.

Auch dieser Rhythmus ist aus Gründen der Klarheit mit einer einzigen Note geschrieben. Es ist einfacher, zu Beginn diese Beispiele mit komplett gedämpften Schlägen über alle Saiten zu spielen.

Das Verpassen der ersten 1/16-Note eines Beats ist zunächst recht knifflig. Der einfachste Weg, es zu lernen, ist, einen vollen Takt mit gedämpften 1/16-Noten zu spielen, bevor man im nächsten Takt auf den veränderten Rhythmus umschaltet. Dies ist in Beispiel 4i dargestellt.

Der erste Takt sorgt dafür, dass du deine Hand richtig bewegst, dann verpasst du im zweiten Takt den ersten Abschlag von jeder Vierergruppe.

Beispiel 4i:

Beginne mit dem Spielen dieser Übung bei 60 bpm und erhöhe die Geschwindigkeit des Metronoms schrittweise auf ca. 120 bpm. Versuche zu spüren, wie dein Fuß zu dem „Loch" wippt, das der ausgelassene Schlag hinterlässt.

Wenn du Vertrauen in diesen Rhythmus gewonnen hast, integriere ihn schrittweise in deine Praxis, indem du die folgenden Übungen spielst.

Beginne, indem du jede Übung mit komplett gedämpften Schlägen spielst, bevor du die Übung auf einer einzelnen gedämpften Saite spielst und dann einen E5-Akkord greifst. Füge schließlich eine einfache Akkordfolge hinzu, um ein Original-Riff zu erstellen. Halte diese Sequenzen zunächst einfach, aber du kannst Akkorde ändern, wo immer du möchtest, um einige sehr interessante Phrasen zu erstellen.

Beispiel 4j:

Beispiel 4k:

Beispiel 4l:

Erfinde so viele rhythmische Variationen wie möglich. Beginne langsam und konzentriere dich lieber auf die Genauigkeit als auf Geschwindigkeit. Auf Geschwindigkeit kommt man viel leichter, wenn man die Kontrolle über diese Muster hat.

Es ist möglich, zwei oder sogar drei 1/16-Pausen zu einer Gruppierung von vier Noten hinzuzufügen, um Rhythmen zu erzeugen, die noch synkopierter sind.

Beginnen wir mit dem Hinzufügen von zwei 1/16-Pausen am Ende jeder Gruppierung. Auf Papier kann dies auf zwei verschiedene Arten geschrieben werden, da zwei 1/16-Pausen einer 1/8-Paise entsprechen.

Beispiel 4m:

Vergiss nicht, deine Schlaghand rechtzeitig zu bewegen! Wiederhole das vorherige Beispiel, spiele aber einen einfachen E5-Akkord, um ein Hard Rock Riff zu bekommen. Versuche, den Powerchord an verschiedenen Stellen zu spielen. Du könntest ihn jedes Mal zwei Bünde nach oben oder unten verschieben.

Verwende diese neue rhythmische Gruppierung in einigen längeren Phrasen. Hier ist eine, um dir den Einstieg zu erleichtern. Beginne mit voll gedämpften Schlägen, füge aber zügig Powerchords hinzu, um interessante Rock-Riffs zu erstellen. Denke daran, dass du den Akkord bei jedem Beat oder sogar zwischen den Beats wechseln kannst!

Beispiel 4n:

Das folgende Beispiel kombiniert den obigen Rhythmus mit dem in Beispiel 4i gelernten:

Beispiel 4o:

Wiederhole die vorherigen Beispiele mit Powerchords anstelle der gedämpften Schläge, um neue Riffs zu erstellen.

Wir werden im zweiten Teil dieses Buches viel ausführlicher auf die aktuellen Akkorde und Riffs eingehen, aber um deine Kreativität anzukurbeln, ist hier ein rockiges Riff, das den obigen Rhythmus verwendet.

Beispiel 4p:

Du kannst hören, wie das Hinzufügen von ein paar Akkorden diese Rhythmen direkt in einen Rock Groove im Van Halen-Stil verwandeln kann. Versuche, diese Akkorde zu einigen der vorherigen Beispiele hinzuzufügen.

Das Schöne an dieser Art von Übung ist, dass sie die Ohren für viele musikalische Möglichkeiten öffnet, an die man sonst vielleicht nicht gedacht hätte. Du lernst den Rhythmus, aber du verinnerlichst auch neue Möglichkeiten..... Scheue dich nicht, kreativ zu werden und spiele einfach, was du hörst.

Dieses Kapitel enthält viele Informationen und wird lange Zeit in Anspruch nehmen. Es gibt auch viele weitere Rhythmusübungen im Appendix am Ende dieses Buches. Schau sie dir an, wenn du Zeit hast, aber vergiss nicht, auch an musikalischen Beispielen zu arbeiten.

Wähle jeden Tag ein oder zwei Rhythmen und übe, dich zwischen ihnen zu bewegen. Baue allmählich immer längere und längere Phrasen auf und konzentriere dich auf die Genauigkeit.

Diese Rhythmen untermauern fast jeden Aspekt des Rockgitarren-Rhythmusspiels und es ist wichtig, sie im Repertoire zu haben.

Verwende ein Metronom und Backing-Tracks, um sicherzustellen, dass diese Rhythmen so genau wie möglich und im Groove sind.

Denke daran, dass die rhythmischen Permutationen in diesem Abschnitt recht fortgeschritten sind. Wie ich bereits in der Einleitung erwähnt habe, ist es nicht notwendig, dieses Buch sequentiell durchzuarbeiten – du kannst Akkorde und Riffs aus späteren Kapiteln lernen und gleichzeitig genaue Rhythmusfähigkeiten entwickeln. Teile deine Übungszeit auf diese beiden Disziplinen auf.

Befasse dich jedoch erst dann mit Kapitel 5, wenn du mit allem, was bisher geschehen ist, sehr sicher bist.

Kapitel Fünf: Gruppierungen von einzelnen Noten

Um dein rhythmisches Wissen und deine Freiheit zu erweitern, solltest du jetzt lernen, Gruppierungen zu spielen, die nur eine 1/16-Note enthalten.

Offensichtlich gibt es nur vier mögliche Rhythmen:

Diese Einzelnoten-Stabs treten häufig in progressiven Rock-Songs auf, aber selbst wenn das nicht deine Welt ist, wird das Erlernen dieses spärlichen rhythmischen Ansatzes deine rhythmische Präzision bei der Platzierung der Noten drastisch verbessern.

Wie bei jedem neuen musikalischen Konzept ist es wichtig, beim Lernen sehr bewusst und *kognitiv* zu sein, aber sehr bald wirst du diese Rhythmen unbewusst und musikalisch spielen können. Im Idealfall willst du beim Spielen nicht zu verkopft (durchdacht) sein. Tatsächlich solltest du versuchen, die „innere Monologseite" deines Gehirns vollständig abzuschalten. Wenn du jedoch etwas Neues lernst, ist es wichtig, so mental wie möglich beteiligt zu sein, damit du verstehst und fühlst, was du spielst.

Um deine Kontrolle und Platzierung dieser einzelnen 1/16-Noten zu entwickeln, würde ich vorschlagen, einen vollen Takt mit kontinuierlichen 1/16-Noten zu spielen, gefolgt von einem Takt deiner gewählten rhythmischen Gruppierung. Denke daran, dass deine Schlaghand nie aufhört, sich in der 1/16-Notendivision auf und ab zu bewegen, also konzentriere dich einfach darauf, den Kontakt mit den Saiten zur richtigen Zeit herzustellen.

Verwende wieder voll gedämpfte Schläge, auch wenn der Rhythmus in einzelnen Noten notiert ist. Spiele einzelne Noten und Akkorde, während du Selbstvertrauen gewinnst.

Hier ist der erste Rhythmus:

Beispiel 5a:

Beispiel 5a sollte für dich sehr einfach sein, da sich die einzelne, gedämpfte 1/16-Note genauso anfühlt wie das Spielen einer gedämpften 1/4-Note in Takt zwei. Denke jedoch daran, dass es einen Unterschied gibt zwischen dem Spielen von gedämpften Schlägen und vollen, klingenden Akkorden. Versuche das vorherige Beispiel noch einmal, aber diesmal mit einem E5-Akkord.

Achte darauf, dass der E5-Akkord nach jedem Schlag in Takt zwei sauber gedämpft wird. Es sollte so klingen:

Beispiel 5b:

Versuche nun, beide Gruppierungen in einem Takt zu kombinieren.

Beispiel 5c:

Integriere dann den Rhythmus in eine ganze Phrase.

Beispiel 5d:

Versuche, einige Rhythmen zu improvisieren, die dieses einzelne 1/16-Fragment verwenden. Vergiss nicht, auch volle Akkorde zu spielen!

Nun geht es weiter zum nächsten Rhythmus. Diese besondere Gruppierung ist eine der kniffligeren, die es zu meistern gilt, da sie mit einem einzigen Aufschlag gespielt wird.

Verwende vollständig gedämpfte Anschläge.

Beispiel 5e:

Kombiniere die Rhythmen.

Beispiel 5f:

Als nächstes spiele die Phrase mit einem E5-Akkord, um sicherzustellen, dass du an der richtigen Stelle dämpfen kannst.

Beispiel 5g:

Kombiniere schließlich die neue Gruppierung der 1/16-Note mit denjenigen, die du bereits gemeistert hast, bevor du kreativ wirst und mit deinen eigenen Ein-Takt-Rhythmen experimentierst.

Beispiel 5h:

Ich bin sicher, dass du verstehst, wie dieser Prozess funktioniert, also werde ich dir aus Platzgründen nur die erste Übung für die Rhythmen drei und vier von Seite 27 geben.

Beispiel 5i:

Beispiel 5j:

Arbeite mit diesen Rhythmen, bis du extrem sicher mit ihnen bist.

Wenn du dich verbesserst, wirst du bald anfangen, diese Ideen zu hören, die bereits vollständig in deinem Kopf geformt sind. Zu diesem Zeitpunkt beginnen die Übungen musikalisch zu werden und dein kreatives Gehirn ist beschäftigt.

Es ist sehr wichtig, Rock-Gitarrenparts von Schallplatten anzuhören und zu transkribieren. Die rhythmischen und technischen Fähigkeiten, die du in diesem Buch bisher entwickelt hast, werden dir helfen, zu hören und zu fühlen, wie ein Rock-Rhythmus funktioniert. Gib dein Bestes, um dich mit dem Gitarristen auf der Platte zu verbinden und sein *Gefühl* so weit wie möglich nachzuahmen.

Du wirst schnell feststellen, dass diese Ideen ganz natürlich zum Teil deines Spiels werden.

Das ist genug Rhythmusarbeit für den Moment, aber ich schlage vor, dass du immer wieder zu diesem Abschnitt zurückkehrst, um deine Fähigkeiten zu üben. Die nächsten Kapitel konzentrieren sich darauf, wie Akkorde häufig im Rock-Rhythmus verwendet werden und wir betrachten einige Techniken, die verwendet werden, um Energie und Interesse zu erzeugen.

Zweiter Teil: Akkorde, Riffs und Musik

Kapitel Sechs: Rock-Gitarrenakkorde

Powerchords

In den Rhythmuskapiteln haben wir viel mit Powerchords gearbeitet. Powerchords sind wahrscheinlich die am häufigsten verwendeten Akkorde auf der Rockgitarre und sie wurden in Tausenden von Songs in vielen verschiedenen Genres gespielt.

Powerchords sind im Rock beliebt, weil sie nicht nur einen kräftigen Sound haben, sondern auch keine Terz enthalten, was bedeutet, dass sie weder Dur noch Moll sind. Da Powerchords nur den Grundton und die Quinte eines Akkords enthalten, klingen sie wie eine verstärkte Version des Grundtons.

Bisher hast du Powerchords gesehen, die mit Grundtönen sowohl auf der 6. als auch auf der 5. Saite gespielt wurden:

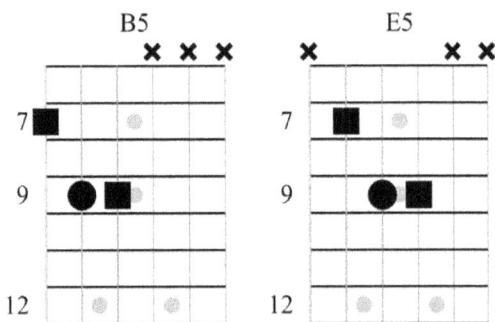

Diese Akkorde können aber auch auf den oberen Saitengruppen gespielt werden. Lerne die folgenden Voicings:

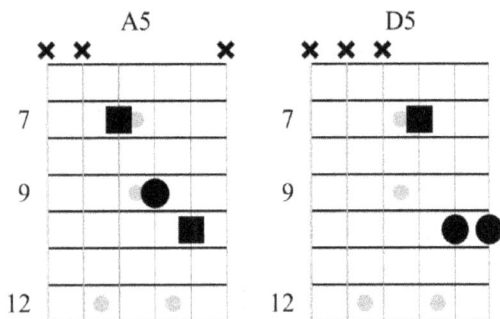

Achte darauf, welche Saiten du spielst. Spiele keine Saiten, die mit einem 'X' gekennzeichnet sind.

Wenn du schnellere Rock-Songs spielst, ist es üblich, die Stummschaltung in beiden Händen zu kombinieren, um unerwünschte Saiten still zu halten. Wenn du zum Beispiel den oben gezeigten E5-Akkord spielst, kannst du deine Schlaghand sanft auf die tiefe E (6.) Saite der Gitarre legen, um sie mit Palm Muting zu dämpfen.

Wenn du Akkorde mit einem Grundton auf der 5., 4. oder 3. Saite spielst, ist es normal, dass der 1. Finger der Greifhand den Grundton des Akkords „überschreitet" und leichten Kontakt mit der Seite der unbenutzten Saite darunter aufnimmt. Durch das Stummschalten der tieferen Saite mit dem greifenden Finger musst du mit deiner Schlaghand nicht ganz so genau sein.

Die hohen E- und B-Saiten (1. und 2.) werden normalerweise auf natürliche Weise durch die Unterseite der Finger der Greifhand gedämpft, aber achte darauf, hier nicht zu viel Druck auszuüben, damit du keine unerwünschten Noten erzeugst.

Spiele die folgende Übung durch und erhöhe das Tempo schrittweise. Verwende ein wenig Gain an deinem Verstärker, damit du hörst, ob du die richtige Dämpfung verwendest.

Nicht verwendete Saiten sollten gedämpft werden, und nur die Akkordtöne sollten klingen.

Beispiel 6a:

Obwohl weniger verbreitet, gibt es eine andere Art von Powerchord, der die Quinte des Akkords verdoppelt und sie im Bass spielt, um eine dicke, erkennbare *Umkehrung* des Powerchords zu erzeugen.

Diese Akkordstimme wurde von einem der größten Gitarristen des letzten Jahrhunderts mit großer Wirkung eingesetzt. Schaue dir das folgende Beispiel an:

Beispiel 6b:

Aufteilen des Akkords

Eine beliebte Technik, die Textur schafft, ist es, den Akkord in zwei getrennte Teile zu „spalten": die Bassnote und die eigentlichen Akkordtöne, anstatt den ganzen Akkord auf einmal zu spielen. Die Technik wird hier mit Powerchords gezeigt, aber du solltest sie mit allen Akkordideen versuchen, die später in diesem Abschnitt gezeigt werden.

Spiele nur die Bassnote des Akkords auf den Schlägen 1 und 3 und führe dann den Rest des Akkords auf den Schlägen 2 und 4 aus.

Beispiel 6c:

Beachte die „scratchy", gedämpften Noten im vorherigen Beispiel, die dem Riff mehr Vorwärtsbewegung verleihen. Um dieses Schrammeln auszuführen, halte den Akkord weiter fest, reduziere aber den Druck in den Fingerspitzen, so dass sie nur auf den Saiten ruhen. Wenn du die Saiten spielst, solltest du einen gedämpften Effekt erhalten, wie im Audiobeispiel zu hören ist.

Rockgitarristen ändern ständig (und unbewusst) den Druck, der Greifhand, um zwischen gedämpften und vollen Akkorden zu wechseln. Dies erzeugt eine spannende Dynamik und Textur im Rhythmusgitarrenpart.

Die Akkord-Aufteilungstechnik kann umgekehrt werden, indem man einen vollen Akkord *auf* dem Schlag spielt und den Rhythmus mit wiederholten Bassnoten füllt.

Spiele das folgende Beispiel mit ausschließlich Abschlägen.

Beispiel 6d:

Eine weitere nützliche Technik ist die Kombination von vollen Schlägen mit individuell gespielten Noten in jedem Akkord.

Beispiel 6e:

Alle diese Techniken können kombiniert werden, um reichhaltige, interessante musikalische Texturen zu erzeugen. Beachte, dass der „geschobene" Akkord im letzten Schlag eines jeden Taktes dem Akkordwechsel vorgreift.

Beispiel 6f:

Powerchords müssen nicht immer als dreiteilige Intonation mit einer doppelten Grundton-Note gespielt werden, sondern werden oft nur mit dem Grundton und der Quinte gespielt. Vergleiche den Klang der folgenden beiden Akkorde, wenn du mit hoher Verzerrung spielst:

Beispiel 6g:

Das Spielen mit starker Verstärkung oder Verzerrung trägt tatsächlich dazu bei, die harmonischen Obertöne oder die „Reichweite" des gespielten Akkords zu verbessern, so dass es oft wünschenswert sein kann, die Anzahl der von uns gespielten Noten zu reduzieren, um den Rest der Band nicht zu übertönen.

Die zweite, zweistufige Intonation des E5-Powerchords klingt normalerweise „fokussierter" als die erste, da sie weniger harmonische Obertöne erzeugt.

Wenn du auf Beispiel 6b zurückgreifst, wirst du sehen, dass der Grundton eines Powerchords nicht im Bass gespielt werden muss.

Vergleiche die folgenden beiden Voicings von C5.

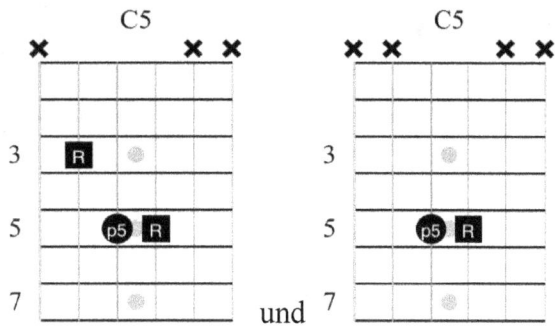

und

Wie du sehen kannst, ist der zweite Akkord eine zweiteilige Intonation des C5-Akkords mit der Quinte im Bass. So einfach es auch erscheinen mag, dies ist eine der wichtigsten Akkord-Voicings in der Rockgitarre wegen der folgenden Art des Riffs:

Beispiel 6h:

Wie du hören kannst, hat diese Art der Powerchord-Intonation einen klaren, artikulierten Ton.

Dieses Powerchord-Voicing kann auf die 5. und 4. Saite verlagert werden, um einen tieferen, resonanteren Klang zu erhalten. Diese Mini-Voicings waren bei Mark Knopfler beliebt. Benutze durchweg deinen ersten Finger.

Beispiel 6i:

Zweiteilige Powerchords, die auf der vierten und dritten Saite gespielt werden, kommen im Rock regelmäßig vor und machen viel Spaß beim Experimentieren. Wähle ein wenig Crunch und schreibe ein paar deiner eigenen Riffs, indem du genau diese Voicings verwendest.

Hier sind zwei, um dir den Einstieg zu erleichtern:

Beispiel 6j:

Die letzten paar Noten des vorherigen Beispiels bilden einen *Fill*, der sowohl Interesse weckt als auch dem Lick hilft, geschmeidiger wiederholt zu werden. Die Verwendung von Lead-Linien in Rhythmusgitarrenparts wird in Kapitel 8 näher erläutert.

Beispiel 6k:

Schließlich, um zur „normalen" Powerchord-Form auf Seite 42 zurückzukehren, gibt es noch ein weiteres gemeinsames Muster, das im 80er Jahre Rock populär war, als z.B. Gitarristen wie Eddie Van Halen und Nuno Bettencourt diese Idee nutzten.

Die Technik besteht darin, den ersten Finger bei der Ausgangsposition über einen Bund zu strecken, bevor man zum ursprünglichen Akkord zurückkehrt. Lerne das folgende Beispiel mit der zweistufigen Powerchord-Form wie geschrieben, aber versuche dann, sie neu zu greifen, um die volle, dreistufige Powerchord-Form zu verwenden.

Beispiel 6l:

Offene Akkorde

Während offene Akkorde oft mit dem Spielen von akustischen Gitarren in Verbindung gebracht werden, sind sie auch ein fester Bestandteil vieler Rock-Gitarren-Riffs. Tatsächlich ist die Verwendung offener Akkorde im Rock ein roter Faden, der von den frühen Anfängen des Rocks in den 50er Jahren bis in die Gegenwart reicht.

Es ist heute merkwürdig, sich Musiker wie Bill Haley, Cliff Richard, Buddy Holly und Ike Turner als hochkarätige Rockmusiker vorzustellen, aber zu ihrer Zeit sorgte ihre Musik für große Kontroversen und öffentliche Empörung, während sie die Grenzen der Populärmusik sprengte.

Wenn wir offene Akkorde im Rock spielen, verwenden wir ständig leichte Tonänderungen oder Auslassungen, um Interesse zu wecken und nehmen technische Anpassungen vor, damit sie straff und aggressiv klingen und nicht von der Verzerrung des Verstärkers überwältigt werden.

Während sie oft isoliert für rhythmische „Vamps" verwendet werden, z.B. *Summer of 69* von Bryan Adams, liegt die Schönheit offener Akkorde oft darin, dass sie leicht angepasst oder verschönert werden können, um interessante Riffs und Melodien um einfache Akkordformen zu bilden. Das ist der Ansatz vieler großer Gitarristen, von Buddy Holly über Brian May bis Angus Young.

Wir beginnen mit einigen einfachen rhythmischen Vamp-Ideen, bevor wir sie weiterentwickeln.

Viele Akkordvamps fallen in ähnliche Strukturen. Oft sieht man etwas, das zwei oder vier Takte lang ist, mit einem kleinen Fill am Ende, das zurück zum Anfang des Riffs führt. Beachte im folgenden Beispiel, wie die Sequenz ab dem ersten Takt „angeschoben" wird.

Ich verwende die Technik der „Akkord-Teilung" von Seite 44 und kombiniere sie mit einem straffen Palm Muting, um einen perkussiven Effekt zu erzeugen. Beachte, wie sich das Anschlagen auf wenige Saiten beschränkt, um das Riff straff und kontrolliert zu halten.

Beispiel 6m:

Die nächste Idee verwendet nur drei Akkorde, fügt aber einen *Rake* hinzu, um den ersten Akkord auszuschmücken. Ein Rake wird wie ein etwas langsamerer Schlag ausgeführt, bei dem das Plektrum über die Saiten gezogen oder „geharkt" wird, um jede Note zu artikulieren. Höre dir das Audio an, um zu hören, wie diese Technik klingen soll.

Halte den in jedem Akkordsymbol angezeigten Akkord gedrückt, jede Melodienote des Riffs ist im gespielten Akkord enthalten.

Beispiel 6n:

Halte jeden Akkord gedrückt.....

Das vorherige Beispiel basierte auf dem Stil von Buddy Holly, aber hier ist die gleiche Akkordfolge noch einmal mit einem Punk/Rock-Ansatz.

Beispiel 6o:

Die beiden vorangegangenen Beispiele zeigen eine kontrastierende Verwendung der gleichen Akkordfolge und lehren uns eine wertvolle Lektion: In der Rockmusik gibt es viele identische Akkordfolgen, deren Spielweise das Gefühl der Musik bestimmt.

Das folgende Beispiel ist einer der am häufigsten gehörten Rhythmen im Rock-Gitarrenspiel. Es ist in der Musik von Guns N' Roses und vielen anderen Hard Rock Bands weit verbreitet. Um das gedämpfte Schrammeln zu spielen, lockere den Druck deiner Greifhand und füge ein leichtes Palm Muting hinzu. Ich schlage vor, dass du für jede 1/8-Note Abschläge verwendest.

Beispiel 6p:

Die frühesten Rock 'n' Roll Riffs entstanden aus dem Blues, und dieser Einfluss war immer eine treibende Kraft in der Entwicklung des Rock. Viele dieser Blues-Vamps sind zum Standard im Rock geworden und basieren oft auf einem einzigen Akkord mit Variationen und Fills im Bass. Diese Ideen werden oft in den „offenen Stimmungen" von A, E und D-Dur gespielt.

Die folgende Riff-Idee basiert auf der Tonart A, aber man könnte sie leicht in die Tonart E verschieben, indem man den ersten Akkord eine Saite nach unten bewegt. Verwende deinen 1. Finger, um den offenen A-Akkord als Barré zu spielen.

Beispiel 6q:

Das folgende Beispiel ist eine Standard-Rock-Rhythmusidee, die von Hunderten von Künstlern verwendet wurde, von den Rolling Stones bis Status Quo. Es ist eine Variation der vorherigen Idee, integriert aber eher einen Texas-Blues-Stilansatz in das Riff.

Beachte, dass, obwohl die meisten Voicings der Akkorde nur zweistimmige Selektionen der größeren A- und D-Dur-Akkorde sind, jeder Akkord immer noch in einen unteren und oberen Teil aufgeteilt werden kann. Die Bassnoten werden verwendet, um ein „tuckerndes" Rhythmusgefühl zu erhalten, und die höheren Noten des Akkords werden verwendet, um den Akkord im Riff zu betonen.

Du kannst dieses Riff für einen straffen, perkussiven Effekt gedämpft halten oder die Saiten etwas mehr klingen lassen, um einen offeneren, satteren Klang zu erhalten. Oft werden beide Techniken verwendet: straff und perkussiv in der Strophe und dann offen und klingend im Refrain, um Energie und Textur hinzuzufügen.

Alle bluesigen Verzierungen dieser Akkorde werden mit den übrigen Fingern der Greifhand gespielt.

Beispiel 6r:

Die Ideen in den beiden vorherigen Beispielen lassen sich leicht kombinieren und es gibt viele Möglichkeiten, neue Akkorde und Fills einzuführen. Höre dir deine Lieblings-Rockbands genau an und du wirst diese Ideen häufig hören.

Für weitere Blues-Gitarren-Riffs schaue dir **Blues-Gitarre: The Complete Guide** an.

AC/DC sind Meister darin, einfache offene Akkorde zu verwenden, um hymnische Rockgitarrenriffs zu erstellen. Durch die Kombination von geteilten, stummen und klingenden Akkorden haben sie es geschafft, einige der unvergesslichsten Riffs der letzten vierzig Jahre zu erfinden.

Hier ist eine Idee im klassischen Rock-Stil.

Beispiel 6s:

Wie immer, höre dir das Audiobeispiel an, um das richtige Gefühl für dieses Beispiel zu bekommen. Beachte, wie volle Anschläge mit kleineren Anschlägen und Einzelsaiten-Fills kombiniert werden.

Hier ist ein weiteres Beispiel in einem ähnlichen Stil.

Beispiel 6t:

Im vorherigen Beispiel wird verstärkt Palm-Muting verwendet. Spiele jeden A-Dur-Akkord voll und perkussiv und lasse die D- und G-Akkorde ausklingen.

Da es eine relativ begrenzte Anzahl von offenen Akkorden gibt, die in klassischen Rock-Riffs verwendet werden, ist es oft nur der Rhythmus der Progression, der eine Akkordfolge leicht erkennbar macht.

Die folgenden zwei Beispiele zeigen die gleiche Akkordfolge, die auf zwei verschiedene Arten gespielt wird. Das erste ist ein klassisches Punk-Riff, und das zweite ist ein typischer 90er Jahre Pop/Rock-Song.

Beispiel 6u:

Beispiel 6v:

Offene Akkorde sind ein bestimmendes Merkmal vieler Rock-Songs, und du wirst oft identische Akkordfolgen sehen, die auf unterschiedliche Weise verwendet werden. Oftmals werden Songs für Gitarristen nur durch eine bestimmte rhythmische Idee, ein bestimmtes Tempo oder ein bestimmtes Lead-Gitarrenriff unterschieden.

Analysiere so viele Rock-Songs wie möglich in dem Stil, den du lernen möchtest. Versuche, die Akkordfolgen zu transkribieren, indem du dir die Bassline anhörst, oder finde eine Transkription online. Notiere dir die Akkorde und finde heraus, was diesen Rhythmus-Gitarrenpart einzigartig macht. Werden die Akkorde gehalten, stumm geschaltet oder wird eine Kombination dieser Techniken verwendet? Gibt es gedämpftes Schrammeln zwischen den Akkorden und welche Akkorde werden akzentuiert?

Achte darauf, was (wenn überhaupt) unter einem Lead-Gitarrenriff oder Gesangspart passiert, und versuche zu sehen, wie sich die Instrumente gegenseitig ergänzen. Wie viele Gitarren kannst du hören? Spielt die Rhythmusgitarre gleichzeitig mit dem Gesang oder spielt sie Fills zwischen den einzelnen Phrasen?

Versuche, ein „Wörterbuch" der rhythmischen Ideen zu entwickeln und experimentiere so viel du kannst. Achte auf *Verzierungen* von offenen Akkorden. Viele gängige Verzierungen werden im nächsten Kapitel gelehrt.

Das Beste, was du als Musiker tun kannst, ist, zuzuhören und die Musik zu transkribieren, die dir gefällt. Es kann zu Beginn schwierig sein, also nutze Online-Videos und Tabs. Doch je mehr du selbst tust, desto schneller wirst du lernen!

Das Transkribieren und Lernen von Musik auf diese Weise wird dir auch helfen, ein Repertoire an Songs zu entwickeln. Gitarristen sind berüchtigt dafür, nur die berühmten Riffs aus populären Songs zu lernen. Wenn du dich dadurch abhebst, dass du die ganze Zeit über Lieder lernst, wirst du stets beschäftigt sein.

Bisher haben wir uns angesehen, wie grundlegende offene Akkorde verwendet werden können, aber es gibt viele nützliche Verzierungen, die für jede Akkordform gespielt werden können. Wir werden uns diese im folgenden Kapitel ansehen.

Kapitel Sieben: Verzierungen

Wenn man offene Akkorde auf der Rockgitarre spielt, ist es normalerweise sehr einfach, einen Finger hinzuzufügen oder zu entfernen, um einen ganz anderen Sound zu erzeugen. Winzige Verzierungen wurden oft verwendet, um eingängige Gitarrenriffs zu kreieren.

Zum Beispiel verwendet dieses Riff einfache Variationen eines D-Dur- und A-Dur-Akkords, um eine unvergessliche Melodie zu erzeugen:

Beispiel 7a:

Diese Idee kann auch genutzt werden, um mit dem D-Akkord ein Country-Feeling zu erzeugen.

Beispiel 7b:

Jeder offene Akkord hat immer viele Verzierungen zur Verfügung, und wir werden hier die wichtigsten erlernen.

Um die verfügbaren Noten deutlich zu machen, habe ich diese Verzierungen auf Akkorddiagrammen notiert. Die ursprüngliche Akkordform ist schwarz und die möglichen Ergänzungen sind mit einem Hohlkreis dargestellt. Manchmal können zwei Noten gleichzeitig verändert werden.

Darüber hinaus habe ich für jeden Akkord, der einige der verfügbaren Änderungen verwendet, ein kurzes Riff geschrieben, aber du solltest so viel Zeit wie möglich damit verbringen, mit diesen Ideen kreativ zu werden.

Es würde den Rahmen dieses Buches sprengen, alle offenen Akkorde zu behandeln, die auf der Rockgitarre verwendet werden, aber ich habe versucht, die gebräuchlichsten abzudecken. Experimentiere immer mit neuen Akkorden, um zu sehen, wo du einen oder zwei Finger von der Grundform des Akkords hinzufügen oder abziehen kannst.

D-Dur

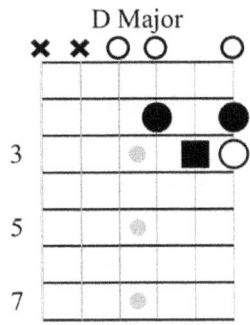

Beispiel 7c:

A-Dur

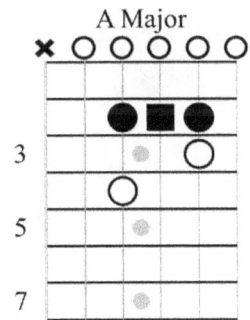

Beispiel 7d:

Experimentiere auch mit Hammer-Ons auf den offenen Saiten, die im Akkorddiagramm notiert sind.

Der doppelte Hammer-On im obigen Beispiel ist sehr gängig und tritt regelmäßig in den Gitarrenparts von Brian May und Keith Richards auf. Diese Form ist technisch gesehen ein Barré-Akkord, der einen D/F#-Akkord darstellt und wird später im Buch behandelt, aber vorerst schau dir dieses Riff an, das den Barré-Akkord um zwei Bünde nach oben schiebt.

Beispiel 7e:

Oftmals erlauben Moll-Akkorde die gleichen Verzierungen wie Dur-Akkorde. Zum Beispiel hat der Akkord von a-Moll viele der gleichen Verzierungen wie A-Dur.

A-Moll

Beispiel 7f:

Es gibt viele mögliche Verzierungen für alle Arten von A-Akkorden. Der Schlüssel dazu ist, zu experimentieren und Musik in dem von dir gewählten Genre zu hören. Stelle auch sicher, dass du Musik in Stilen auscheckst, die du normalerweise nicht hörst. Zum Beispiel lassen sich viele Folk-Progressionen leicht an den Rock-Stil anpassen.

F-Dur

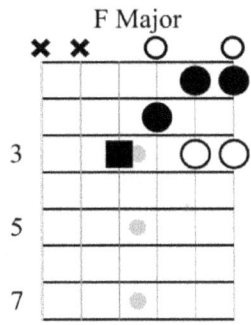

Beispiel 7g:

Das obige Riff erinnert an modernere 'Indie'-Bands wie Franz Ferdinand und The Black Keys. Spiele das Riff fest und stakkato, indem du mit der Schlaghand nach jedem Akkord auf die Saiten hackst.

C-Dur

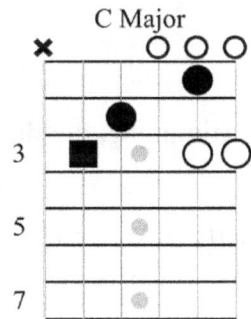

Beispiel 7h:

Die obige C-Dur-Idee ist etwas folkloristischer, aber mit dem richtigen Ton und der richtigen Attitüde wäre sie in einem Lynyrd Skynyrd Track nicht fehl am Platz.

G-Dur

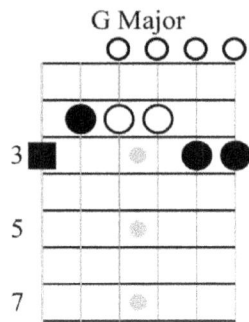

Beispiel 7i:

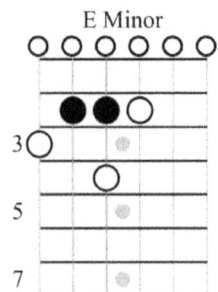

Dieses Riff basiert auf einem typischen Rhythmus im 70er Jahre Stil.

e-Moll

e-Moll ist eine Tonart, die oft in Heavy Rock verwendet wird. Abhängig von der Art der Stimmung, die du schaffen möchtest, können sich die Verzierungen oft ändern.

Wie immer ist das Experimentieren der richtige Weg, um interessante Rhythmus-Gitarrenparts zu kreieren.

Beispiel 7j:

Jeder offene Akkord kann verändert und in irgendeiner Weise verschönert werden und dieses Buch wäre schnell voll, wenn ich für jeden gängigen Akkord ins Detail gehen würde. Verbringe Zeit damit, jeden Akkord einzeln zu erforschen, und kombiniere dann einige der Ideen zu interessanten und melodischen rhythmischen Ideen.

Oftmals funktionieren ähnliche einfache Ideen wie die folgende gut über jeden Akkord in einer Progression.

Beispiel 7k:

Im Allgemeinen finden Verzierungen von offenen Akkorden im Hauptteil des Akkords statt (höhere Noten) und die Grundtöne sind davon nicht betroffen, aber es gibt einige wichtige Läufe der Grundtöne, die du kennen solltest.

In der Rock- (und Akustik-) Musik ist es üblich, eine Technik namens *absteigende Basslinien* zu verwenden, um Akkorde miteinander zu verbinden. Dies wird im nächsten Abschnitt untersucht.

Absteigende Basslinien

Absteigende Basslinien werden seit der Zeit der frühen Barockmusik verwendet, sind aber heute ein fester Bestandteil des Rock-Rhythmus-Gitarrenspiels. Sie sind großartig, wenn sie in einem unbegleiteten Gitarrenpart verwendet werden, aber sie ermöglichen es uns auch, uns musikalisch mit der Bassgitarre zu verbinden, um eine starke Grundlage für einen Song zu schaffen.

Schaue dir den Beginn von *Stairway to Heaven* oder die coolen, „sleazy" Basslines auf Led Zeppelins *Dazed and Confused* an. In einem moderneren Beispiel macht *Whatever* von Oasis die absteigende Bassline zu einem Feature der Akustikgitarre.

Ohne zu technisch zu werden, verbindet eine absteigende Bassline normalerweise zwei Akkorde miteinander, indem sie eine einzelne Note zwischen den beiden hinzufügt. Bei offenen Akkorden gibt es drei wichtige Arten, die du kennen solltest:

Der erste ist die Bassnote, die sich schrittweise von G nach Em bewegt:

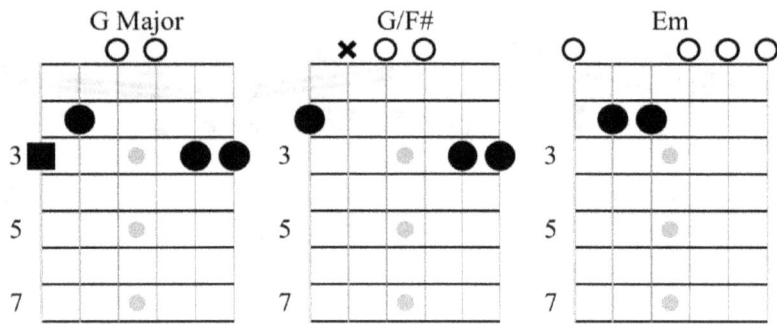

Beispiel 7l:

Das nächste Beispiel zeigt die Bassnote, die sich schrittweise von C zu a-Moll bewegt:

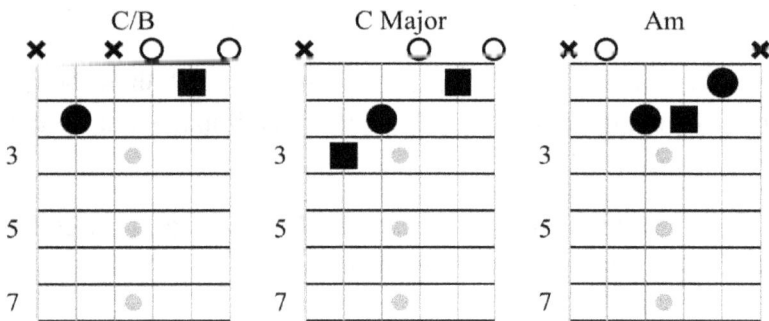

Beispiel 7m:

Das letzte Beispiel ist ein Basslinen-Lauf von F-Dur nach Dm7:

Beispiel 7n:

Alle diese Läufe können umgekehrt werden, um eine aufsteigende Basslinie zu bilden.

Nun haben wir uns die drei Hauptläufe in absteigenden Basslinien auf offenen Akkorden angesehen, lass uns einige dieser Ideen zu einer längeren Phrase kombinieren. Jack Johnson verwendet eine ähnliche Idee für *Better Together*, aber hier ist die gleiche Sequenz in einem Rockgitarren-Setting.

Sei vorsichtig mit dem Bb-Barré-Akkord in Takt drei, er kann anfangs etwas knifflig sein. Wenn du Schwierigkeiten hast, versuche, die Position deines Daumens am Hals zu ändern.

Beispiel 7o:

Das nächste Beispiel ist ein wenig folky, aber es wäre auch ein großartiges Intro für einen härteren Rock-Song oder einen ruhigeren Mittelteil in einer Ballade.

In diesem Beispiel kombiniere ich einige der Verzierungen von früher, um eine *aufsteigende* Melodie zu erzeugen, während die Bassline wie bisher absteigt. Für weitere Informationen zu dieser Art von Ansatz, höre dir Nick Cave, John Martyn oder sogar Joe Perry in einem ruhigeren Moment an.

Beispiel 7p:

Absteigende Basslinien können auch mit Powerchords verwendet werden.

Beispiel 7q:

Viele Rock-Songs verwenden Powerchords, so dass ihre Beherrschung unerlässlich ist, wenn man ein flüssiger Rhythmusgitarrist werden will. Übe, weite Strecken über den Hals auf und ab zu spielen, indem du eine Powerchord-Form greifst und dich auch über benachbarte Saiten bewegst, so dass du auf alles vorbereitet bist, was dir zukünftige Songs bringen werden.

Kapitel Acht: Barré-Akkorde und einzelne Linien

Offene Akkorde auf der Gitarre werden durch das Spielen eines festen Notenmusters gebildet und einige dieser Noten befinden sich auf den offenen Saiten. Wenn wir unsere Finger die Gitarre hochschieben würden, würden wir einige der Noten im Akkord ändern, aber die Noten auf den offenen Saiten würden sich nicht ändern. Das bedeutet, dass wir keinen „anerkannten" Akkord mehr spielen würden.

Wir können jedoch offene Akkordformen weiter oben am Hals spielen, wenn wir einen Weg finden, die Noten auf den offenen Saiten mitzunehmen und das Notenmuster dadurch zu behalten. Um dies zu erreichen, verwenden Gitarristen Barré-Akkorde, um „die offenen Saiten mitzunehmen" und die Akkordformen gleich zu halten.

Das Wort Barré kommt vom spanischen Wort „barra" und normalerweise wird der erste Finger wie ein Steg über die Saiten gelegt. Normalerweise müssen wir die Akkordform leicht umgreifen, aber da es keine offenen Saiten gibt, kann ein Barré-Akkord überall auf einer Saite gespielt werden.

Betrachte zum Beispiel die folgenden Akkorddiagramme für den Akkord von Em:

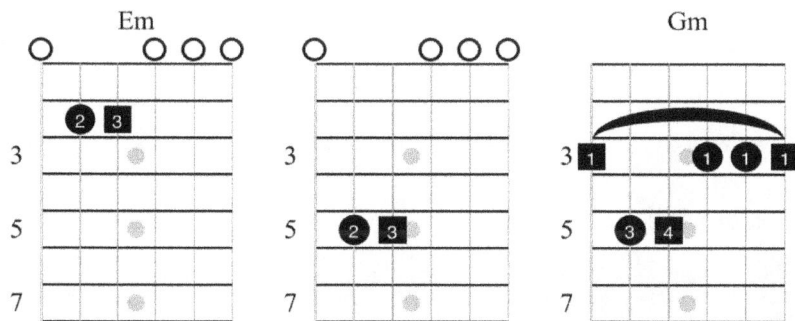

Das erste Akkorddiagramm zeigt den Akkord von e-Moll (Em). Betrachte es vorerst nur als einen Moll-Akkord. Dieser Akkord hat eine besondere Form, die einige offene Saiten beinhaltet.

Wenn wir den Akkord um drei Bünde nach oben bewegen, aber die offenen Saiten klingen lassen, haben wir das Verhältnis zwischen den einzelnen Noten verändert und spielen keinen Moll-Akkord mehr.

Wenn wir jedoch die offenen Saiten im zweiten Diagramm durch einen Barré über dem dritten Bund ersetzen, dann haben wir das Verhältnis zwischen den Noten wie im ursprünglichen Em-Akkord wiederhergestellt. Der Grundton des Akkords ist noch auf der sechsten Saite, aber jetzt ist der Grundton auf dem dritten Bund, so dass der Akkord *g-Moll* ist.

Dieser Barré-Akkord ist nun eine völlig bewegliche „Moll"-Form. Solange du die Namen der Noten auf der sechsten Saite kennst, kannst du diese Form beliebig verschieben, um einen Moll-Akkord zu bilden.

Zum Beispiel sind hier die Barré-Akkorde von Am und Cm:

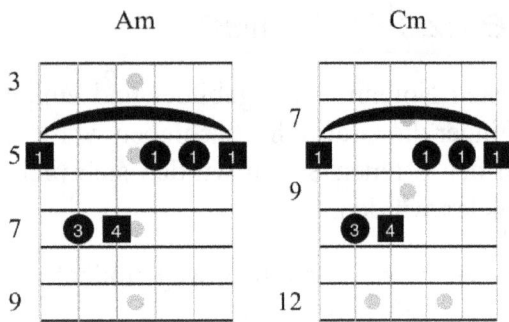

Lerne die Noten auf der sechsten Saite der Gitarre und übe, den Barré-Akkord zu bewegen und dabei den Namen des Akkords laut auszusprechen. Hier sind die Noten zur sechsten Saite:

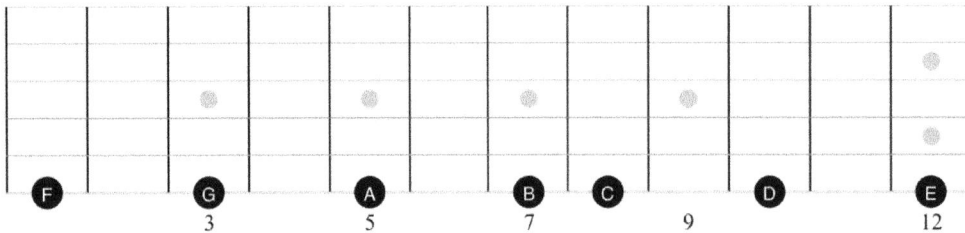

Dieser Prozess funktioniert für jeden Akkord. Dieser Moll-Akkord hat einen Grundton auf der fünften Saite:

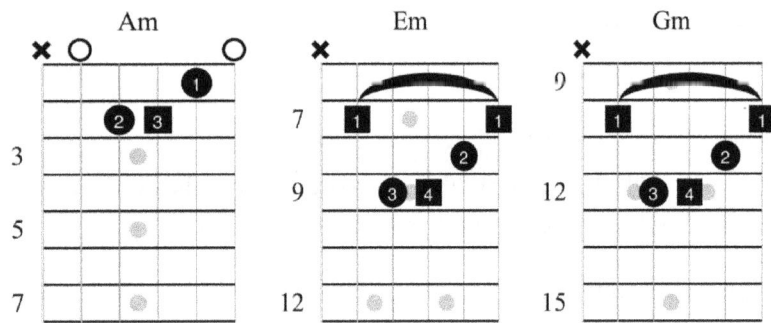

Lerne die Noten auf der fünften Saite und übe noch einmal, diesen Moll-Akkord auf verschiedene Grundtöne zu verschieben. Sage den Namen jedes Akkords jedes Mal laut.

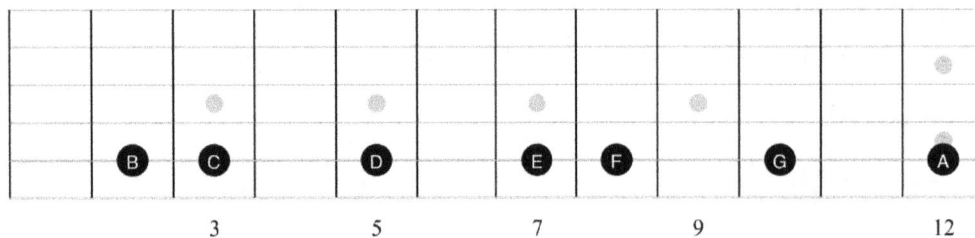

Wie du sicher feststellen kannst, ist der große Vorteil von Barré-Akkorden, dass wir nur eine Form kennen müssen, um viele verschiedene Akkorde zu spielen. Wir können die gleiche Akkordform den Hals auf und ab bewegen, um auf Gm, Am und Bm, etc. zuzugreifen.

Manchmal ist es sehr schwierig, bestimmte offene Akkorde zu spielen, also wenn du nicht weißt, wie man F#m als offenen Akkord spielt, kannst du einfach die Note F# auf der sechsten Saite (oder der fünften Saite) finden und die entsprechende Akkordform spielen. Diese Strategie ist sehr nützlich, um einen Weg zu finden, eine Akkordform zu spielen, die du nicht kennst.

Normalerweise willst du dich nicht zu weit eine Saite auf oder ab bewegen, weil es den Ton der Akkorde beeinflusst, also ist es besser, sich vertikal über die Saiten zu bewegen, wenn du kannst. So wäre es beispielsweise besser, die Akkordfolge von Gm nach Cm wie im folgenden Diagramm zu spielen, als sie auf derselben Saite zu spielen:

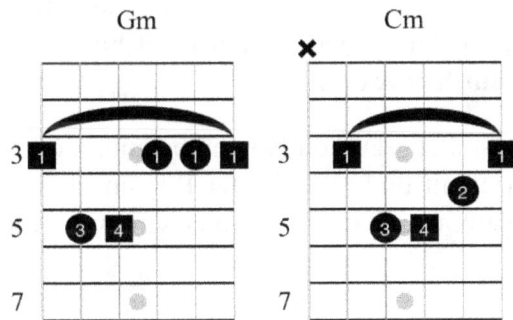

Gm   Cm

Allerdings kommt es gelegentlich vor, dass Barré-Akkorde alle auf der gleichen Saite gespielt werden, um spezielle Effekte zu erzeugen.

Es gibt drei Akkordtypen, die du als Barré-Akkorde kennen solltest. Sie sind alle aus offenen Akkordformen aufgebaut. Wir haben uns bereits mit Moll-Akkordformen beschäftigt, jetzt lernen wir die Formen für die Dur- und '7'-Akkorde mit Grundtönen auf der sechsten und fünften Saite.

Dur-Formen:

G Major   C Major   C Major   oder

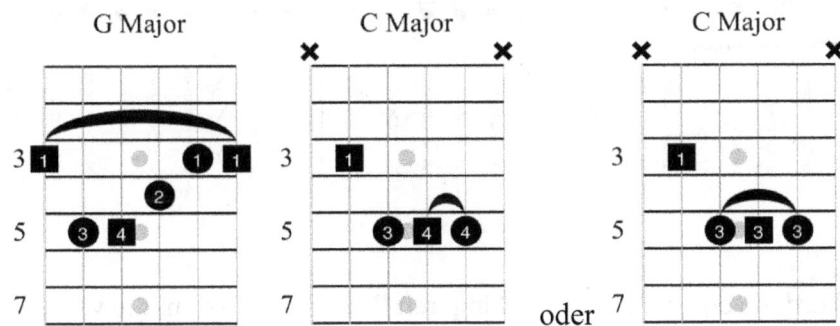

(Beachte, dass der Dur-Barré auf der fünften Saite mit dem vierten Finger gespielt wird, was schwierig sein kann. Du kannst auch mit dem dritten Finger alle drei Noten spielen, wenn es dir leichter fällt).

Dominant 7- oder „7"-Formen.

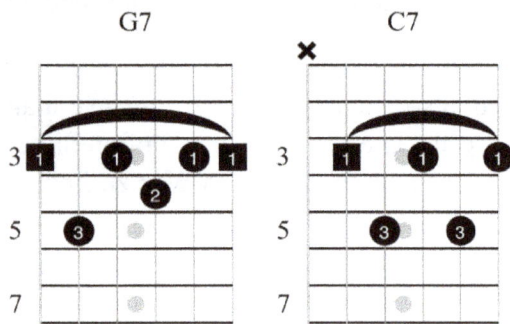

Es gibt viele andere Barré-Akkord-Formen, aber wieder einmal würde es dieses Buch vollständig ausfüllen. Du wirst auf mehr Formen stoßen, wenn du mehr Songs lernst, aber wenn du daran interessiert bist, dein Akkordwissen zu erweitern, schaue dir mein Buch **Gitarrenakkorde im Kontext** an.

Barré-Akkorde sind anfangs schwierig zu lernen und du wirst oft feststellen, dass du Noten abdämpfst oder ungewünschte Saiten zum Klingen bringst. Jeder kämpft zu Beginn damit und mein bester Rat sind kurze Übungseinheiten und ständig zu versuchen, die Position von Handgelenk und Daumen anzupassen, wenn du unerwünschte Töne hörst.

Achte darauf, dass du viele Pausen machst und den Druck kontrollierst, den du ausübst.

Barré-Akkorde werden oft in ihrer vollen Form verwendet, um einfache Akkordfolgen zu spielen. Eine der berühmtesten Progressionen im Rock kann gespielt werden, indem man einige der oben gezeigten Akkordformen gedrückt hält.

Beispiel 8a:

Eine großartige Verwendung von Barré-Akkorden zeigt sich in dieser längeren Rock-Progression, die von der Barockmusik inspiriert ist.

Beispiel 8b:

Es kann manchmal sinnvoll sein, Barré-Akkorde mit Grundtönen auf der gleichen Saite zu verwenden, um einen bestimmten Effekt zu erzeugen.

Beispiel 8c:

Diese Akkorde können auch mit den bluesigen Basstechniken aus Kapitel 7 kombiniert werden. Durch die Aufteilung des Akkords und dem Hinzufügen von Bassläufen ist es möglich, einen komplizierten Gitarrenpart zu erzeugen, der typisch für frühe Rock-Songs ist.

Beispiel 8d:

Volle Barré-Akkorde nehmen viel Platz in einer Band ein. Wir decken viele Frequenzen ab, die wahrscheinlich von anderen Musikern gedoppelt werden, besonders wenn wir mit einem Keyboarder spielen. Sogar die untere Note der Gitarre kann mit dem Bassisten kollidieren, wenn er Fills am oberen Hals spielt.

Es ist normalerweise wünschenswert, den anderen Instrumentalisten der Band aus dem Weg zu gehen, oft beschränken Gitarristen ihr Akkordspiel deshalb auf die ersten drei oder vier Saiten der Gitarre. Es gibt zwei Möglichkeiten, dies zu tun, entweder indem du den vollen Barré-Akkord gedrückt hältst und vermeidest, die Bassnoten mit dem Plektrum zu schlagen, oder indem du den Akkord neu greifst.

Beide Methoden haben unterschiedliche Vorteile, obwohl beim Neugreifen der Akkorde ungenutzte Finger übrig bleiben, die den Rhythmusteil verzieren könnten, wie du bereits bei den offenen Akkorden gesehen hast.

Dur- und Moll-Barré-Akkorde werden oft auf folgende Weise neu gegriffen.

Diese Teil-Barrés sind sehr nützlich und wurden in den frühen Anfängen der Rockmusik in den 50er und 60er Jahren häufig verwendet.

Beispiel 8e:

Da nicht alle Finger verwendet werden, kann so Raum für bestimmte Verzierungen geschaffen werden.

Beispiel 8f:

Jimi Hendrix ging einen Schritt weiter und griff mit seinem Daumen über den Hals der Gitarre, um auf der sechsten Saite eine tiefe Bassnote des Akkords zu spielen.

Jimi wuchs in den 50er Jahren in R&B-Bands auf, so dass es nicht verwunderlich ist, dass er solche rhythmischen Phrasen spielte.

Beispiel 8g:

Wenn wir gerade beim Thema Jimi Hendrix sind, gibt es einen Barré-Akkord, auf den kein Rockgitarrist verzichten kann. Der Akkord ist ein jazziger E7#9, aber er wird normalerweise nur 'The Hendrix Chord' genannt.

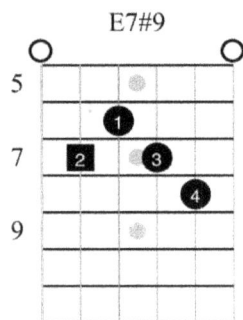

Wenn dieser Akkord mit einem Grundton von E gespielt wird, ist es üblich, die offene sechste Saite (E) als eine doppelte Bassnote zu verwenden.

Der Hendrix-Akkord hat einen sehr ausgeprägten Klang und sobald man ihn einmal spielen kann, wird er immer herausstechen, wenn man ihn hört.

Das folgende Beispiel zeigt dir eine klassische Verwendung des 7#9-Akkords in der Rockgitarre.

Beispiel 8h:

Wie bei offenen Akkorden gibt es viele Verzierungen für jede Barré-Akkordform, und ich empfehle dir dringend, verschiedene Griffe zu erforschen und mit anderen Noten zu experimentieren, wenn die Akkordform es erlaubt.

Früher haben wir auf eine Verzierung eines offenen A-Dur-Akkords hingewiesen, der auch als Idee eines Barré-Akkords gesehen werden kann. Betrachte die folgenden Diagramme:

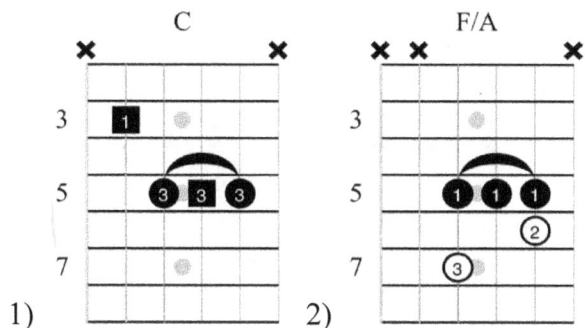

Das erste Diagramm zeigt einen normalen C-Dur-Barré-Akkord und das zweite Diagramm zeigt den gleichen Akkord, der ohne die Grundtonnote und mit zwei zusätzlichen Verzierungen neu gegriffen wurde.

Greife die Noten im zweiten Diagramm am 5. Bund als Barré und spiele die folgende einfache Linie.

Beispiel 8i:

Der C-Akkord wird ohne Grundton gespielt und der F-Akkord hat seine Terz (A) im Bass.

C bis F (Akkord I bis Akkord IV) ist wahrscheinlich der häufigste Akkordlauf in der Musik, aber wenn man ihn auf diese Weise verschleiert, klingt er frisch und neu.

Dieser Akkordlauf tritt in Hunderten von klassischen Rocksongs auf (allerdings oft in verschiedenen Tonarten mit sehr unterschiedlichen Rhythmen).

Schaue dir die folgenden Beispiele an:

Beispiel 8j:

Beispiel 8k:

Beispiel 8l:

Wie man hört, ist diese Akkordkombination äußerst vielseitig und bildet einen großen Teil des rhythmischen Vokabulars des klassischen Rock.

Einzelnoten-Rhythmusspiel

Während Akkorde und Verzierungen einen großen Teil des Rockgitarren-Rhythmusspiels ausmachen, basieren viele Songs auf rhythmischen Ideen, die aus Einzelnoten-Riffs bestehen.

Oftmals entstehen diese Einzelnotenlinien durch die Auswahl einzelner Akkordformen, aber manchmal ist die Einzelnotenphrase die treibende Kraft hinter dem Song.

Diese Phrasen basieren in der Regel auf wenigen Tönen der Moll-pentatonischen Skala und verwenden viele Wiederholung, damit der Zuhörer nicht zu sehr von der Melodie des Sängers abgelenkt wird. Außerdem wirst du oft feststellen, dass die in Single-Note-Riffs verwendeten Rhythmen ziemlich synkopiert sind (zwischen den Beats gespielt), so dass sie mit der Platzierung der Gesangsmelodie kontrastieren. Dies ist in Beispiel 8m dargestellt:

Beispiel 8m:

Beispiel 8n:

Dieses nächste Riff lässt viel Platz für andere Instrumente, wie z.B. einen Synthesizer und eine Hammondorgel.

Manchmal reicht eine absteigende Tonleiter und eine Pedalbass-Note aus.

Beispiel 8o:

Jimi Hendrix war ein Meister darin, mit wenigen Noten den Rhythmus eines ganzen Songs festzulegen.

Beispiel 8p:

Es ist wirklich wahr, dass weniger oft mehr ist. Wenn du in einer Band mit anderen Instrumentalisten spielst, benötigst du möglicherweise nur eine kurze, sich wiederholende Sequenz von Noten, um einem Track ein wenig Bewegung und Farbe zu verleihen. Wenn es eine andere Gitarre in der Band gibt, ist es selten, dass man möchte, dass beide Gitarren genau den gleichen Part spielen.

Klassische Rock-Styles

Der letzte Teil dieses Buches befasst sich mit einigen klassischen Rock-Rhythmus-Ideen aus den letzten sechs Jahrzehnten. Natürlich wird die Musik über einen Zeitraum von zehn Jahren abwechslungsreich und vielfältig sein, aber bestimmte stilistische Elemente fallen eher auf.

Ausgehend von den Anfängen des Rock in den 50er Jahren werden wir Rhythmusfiguren untersuchen, die für den modernen Gitarristen zu einem wesentlichen Bestandteil geworden sind.

Du wirst sehen, wie das bisher in diesem Buch behandelte Vokabular zu innovativer und wegweisender Musik zusammengeführt werden kann.

Wenn du nur auf moderne Musik stehst, lasse die Ideen nicht außer Acht, die deiner Meinung nach veraltet oder altmodisch sind. Musik hat eine Zeitleiste und eine Geschichte und jede neue Musik baut in irgendeiner Weise auf dem Vokabular der Vergangenheit auf. Musik wird in und auch wieder out. Berühmte Rockbands der 90er Jahre wurden stark von der Musik der 60er Jahre beeinflusst und in den frühen 00er Jahren kam der Shred Rock der 80er Jahre für eine Weile zurück.

Alle Rockgitarristen sind in irgendeiner Weise beeinflusst und den Musikern verpflichtet, die vorher ihren Beitrag geleistet haben. Das Verständnis der Einflüsse deiner Gitarrenhelden wird dir helfen, ein tiefes Wissen über den Stil deiner Ikone zu entwickeln.

Zum Beispiel war Jimmy Page stark von den frühen Blues-Gitarristen beeinflusst und wuchs mit Skiffle auf.

Eric Clapton wurde stark von Muddy Waters und Robert Johnson beeinflusst. Eddie Van Halen nannte Eric Clapton als einen wesentlichen Einfluss.

Tony Iommi sagte, dass Django Reinhardt und Hank Marvin wichtige Akteure in seiner Entwicklung als Musiker waren. Der Stammbaum des Rock wird ziemlich kompliziert!

Es zeigt sich, dass man nie weiß, wie sich das Spiel einer Legende entwickelt hat. Mein Ratschlag ist, sich alles anzuhören, was man kann, und zu lernen, einen Song zu analysieren, auch wenn er 70 Jahre alt ist. Finde heraus, was ihn ausmacht und schreibe Riffs mit diesen Ansätzen.

Bevor du dich versiehst, hast du einen Katalog von Riffs in vielen verschiedenen Stilen zur Verfügung und bist auf dem besten Weg, ein kreativer Songwriter zu werden.

Wie ich bereits in der Einleitung erwähnt habe, kann ich hier keine genauen Transkriptionen von Stücken geben, da es sich um eine Verletzung des geistigen Urheberrechts handeln würde. Dieser Abschnitt enthält Riffs *im Stil* wichtiger Bands aus jedem Jahrzehnt.

Achtung! Die folgenden Abschnitte enthalten umfangreiche Listen mit Hörempfehlungen. Deine Lieblingsalben sind vielleicht nicht aufgelistet, aber ich versichere dir, dass dies aus Gründen des begrenzten Platzes und nicht wegen einer absichtlichen Auslassung geschieht. Zögere nicht, dich über **www.fundamental-changes.com** zu melden, wenn du das Gefühl hast, dass ich etwas offensichtlich Genredefinierendes verpasst habe!

Kapitel Neun: Rock-Rhythmusgitarre durch die Jahrzehnte hindurch

Die 1950er Jahre

In den 1950er Jahren begann die Ära des Rock, die zum Teil durch die Einführung der ersten kommerziell erhältlichen Solid Body-E-Gitarre im Jahr 1948 angetrieben wurde. Es wird allgemein angenommen, dass der erste Rock 'n' Roll-Song *Rocket 88* von Ike Turner war, mit einem verzerrten Gitarrenpart, der auf dem Jive und Rhythm and Blues der 30er und 40er Jahre basiert. Im Laufe des Jahrzehnts begann sich der Rock 'n' Roll mit anderen namhaften Künstlern wie Bill Haley and his Comets, Fats Domino, Chuck Berry, Little Richard, Eddie Cochran, Buddy Holly und natürlich Elvis Presley zu entwickeln.

Während die E-Gitarre in der Populärmusik immer mehr an Bedeutung gewann, wird ein Großteil des Rock 'n' Roll der 1950er Jahre vom Klavier angetrieben. Unterschätze nicht Künstler wie Fats Domino, deren Musik überwiegend klavierbasiert war.

Hörempfehlungen

Chuck Berry is on Top – Chuck Berry

Rock and Roll – Elvis Presley

The "Chirping" Crickets – The Crickets

Here's Little Richard – Little Richard

Go Bo Diddley – Bo Diddley

Buddy Holly – Buddy Holly

Shake, Rattle and Roll – Bill Haley and his Comets

Jailhouse Rock – Elvis Presley

Rhythmus-Stile

Da der Rock 'n' Roll schon früh aus dem R&B hervorging, ist es nicht verwunderlich, dass er in diesem ersten Jahrzehnt einen großen Teil seines Einflusses gefunden hat. Im Stil von Bill Haley lässt dieser Gitarrenpart eine Lücke im ersten Beat (wie es in den Gitarrenparts der meisten R&Bs üblich war) und verwendet auch im dritten Takt einen vollen E9-Akkord.

Beispiel 9a:

Die frühe Rockgitarre lehnte sich ebenfalls stark an Blues- und R&B-Akkordfolgen an, obwohl der Rock anstelle eines langsamen Triolen-Gefühls oft im Up-Tempo und gleichmäßig war.

Das folgende Beispiel im Stil von Chuck Berry ist eine gängige Akkordstruktur im Rock. Es basiert auf der Akkordfolge eines Standard 12-Takt-Blues, aber alles ist auf nur 8 Takte komprimiert. Der 8-Takt-Blues wurde zu einem gängigen Mittel der Rockgitarre und wurde in den letzten sechzig Jahren häufig verwendet, wobei Bands wie Status Quo eine ganze Karriere auf dieser Art von Idee aufbauten.

In diesem Beispiel spielst du mit dem ersten und dritten Finger den ersten Powerchord und streckst den vierten Finger aus, um den neunten Bund zu treffen. Wenn du ihn nicht ganz erreichen kannst, versuche deinen Daumen weiter unten am Hals zu platzieren. Experimentiere mit unterschiedlichem Palm Muting in der Schlaghand.

Beispiel 9b:

Rhythmusgitarristen spielten auch einzelne Arpeggio-Linien im Bass-Stil, die viel Platz für ein Klavier boten, um eine improvisierte Akkordpartie zu spielen. Oftmals wurde dieser Part mit Verzerrung gespielt, um die anderen Instrumente in den Hintergrund zu drängen.

Versuche, die folgende Einzelnotenlinie um die Akkordwechsel in einem der vorherigen Beispiele herum zu spielen. Das Umreißen von Akkorden mit Arpeggio-Ideen kann ein großer Kontrast zu einem anderen Gitarrenpart sein, der einfache Akkorde spielt.

Beispiel 9c:

Die Rock 'n' Roll Musik der 50er Jahre war der Grundstein für alles, was danach kommen würde. Es ist wichtig, die Wurzeln des Stils zu kennen, den man spielen möchte, und diese Art von Riffs sind für einen Musiker, der tagtäglich arbeitet, äußerst nützlich.

Die genreprägende Musik der 60er Jahre nahm viele der Merkmale des Rock 'n' Roll der 50er Jahre auf und verschmolz sie zu einer rohen und kraftvollen Form.

Die 1960er Jahre

Die 1960er Jahre waren das Jahrzehnt, in dem die Rockmusik ihre volle Wirkung entfaltete und stark diversifizierte. Während Musiker wie Elvis noch regelmäßig Chart-Erfolge feierten, machte sich die „British Invasion" von The Rolling Stones, Cream, The Who und Led Zeppelin (neben anderen) einen Namen. In den 60er Jahren begann die gegenseitige Befruchtung der Musik über den Atlantik hinweg, wobei US-Künstler wie Jimi Hendrix und The Velvet Underground in den britischen Charts auftauchten.

Der lyrische Inhalt der Rockmusik begann sich in Richtung politischer Kommentare und sozialer Sensibilisierung zu bewegen, wie z.B. in The Who's *My Generation*. Interessant ist jedoch, dass viele der Tracks auf dem gleichnamigen Album noch viel von R&B und Blues haben.

In den USA wurde über die Rockmusik in erster Linie in Programmen wie der Ed Sullivan Show berichtet, und in den späten 60er Jahren fanden die ersten Rockfestivals statt, die 1969 ihren Höhepunkt erreichten, als eine halbe Million Menschen zum dreitägigen Woodstock-Festival gingen.

Hörempfehlungen

My Generation – The Who

Are you Experienced / Electric Ladyland / Axis: Bold as Love – Jimi Hendrix

Disraeli Gears / Goodbye – Cream

The Animals – The Animals

Kinks – The Kinks

Sgt Pepper's Lonely Hearts Club Band / A Hard Day's Night / The White Album – The Beatles

Led Zeppelin / Led Zeppelin 2 – Led Zeppelin

The Doors – The Doors

The Rolling Stones / Aftermath / Let it Bleed / Between the Buttons – The Rolling Stones

The Band – The Band

The Velvet Underground – The Velvet Underground and Nico

Green River – Creedence Clearwater Revival

Roger the Engineer / Little Games / For Your Love – The Yardbirds

In the Court of the Crimson King – King Crimson

Black Sabbath – Black Sabbath

Es ist unmöglich, hier alle wichtigen Musiker und Bands der 1960er Jahre aufzulisten, daher ist ein umfangreiches Hören erforderlich! Der gesamte Beatles-Backkatalog ist ebenso wichtig wie das Werk von Hendrix, The Rolling Stones, Cream und Led Zeppelin. Es ist auch wichtig, sich die Bands anzusehen, die bei Motown Records unter Vertrag standen, und das Wiederauftauchen afroamerikanischer Künstler über die Atlantic und Stax Record Labels. Musik existiert nicht in einem Vakuum und ein vielseitiges Hören ist notwendig, um zu hören, wie sich die Stile gegenseitig beeinflussten.

Rhythmus-Stile

Das erste Beispiel zeigt nur einen Weg, wie Bands in den 1960er Jahren auf dem „Standard"-Akkord I bis IV aufbauen. Durch die Verwendung von Powerchords, die sich dem Zielakkord von einem Ton unterhalb nähern, konnten sie ein dynamisches, hart wirkendes Riff erzeugen.

Beispiel 9d:

Das nächste Beispiel zeigt, wie eine einfache folky Akkordfolge eine Rockbehandlung der 1960er Jahre bekommen kann. Während viele Bands Powerchords nutzten, bildeten diese vier Akkorde einen der meistverkauften und beständigsten Songs der 60er Jahre.

Dieses Beispiel kann unverzerrt gespielt werden und darf ausklingen, aber versuche auch, etwas Verstärkung hinzuzufügen, das Muting sauber zu spielen und den Part straight zu spielen, ohne „swing", wie hier geschrieben.

Es zeigt, dass man manchmal nur vier Akkorde und gute Lyrics braucht.

Beispiel 9e:

Ein Rhythmus-Gitarrenpart kann auch von einer Einzelnoten-Phrase gesteuert werden, die Künstler wie die Rolling Stones, Jimi Hendrix und Led Zeppelin alle verwenden. Oft ist es die Eingängigkeit dieser Melodie, die den Song sofort wiedererkennbar macht.

Verwende genügend Fuzz, um deine Gitarre dazu zu bringen, sich abzuheben, und füge etwas Phasing hinzu, um eine 60er Jahre Stimmung zu erzeugen.

Beispiel 9f:

Das nächste Beispiel zeigt eine großartige Möglichkeit, eine Lead-Linie mit einem umwerfenden Powerchord-Riff zu kombinieren.

Stell es auf laut und schlage stramm an.

Beispiel 9g:

Einige würden argumentieren, dass die 60er Jahre mit dem Woodstock-Festival kulminierten, und mit dem Niedergang der ziemlich kurzlebigen psychedelischen Zeit läutete Led Zeppelin ein neues Zeitalter des Heavy Rock und Metal ein.

Die 1970er Jahre

In den 70er Jahren verbanden sich Hard Rock und psychodelische Musik zu Progressive Rock mit bemerkenswerten Bands wie Yes, Genesis, King Crimson und Pink Floyd.

Es gab definitiv ein Gefühl des „Erwachsenwerdens" mit Bands, die sich in den späten 60er Jahren entwickelten und in den 70er Jahren stark blieben. Künstler wie Led Zeppelin, The Rolling Stones und The Who reisten in Privatjets zu ausverkauften Arenen auf der ganzen Welt.

Hard Rock Bands wie Led Zeppelin beeinflussten Bands wie Deep Purple, die Richtung zu ändern, und die Heavy Metal Bewegung mit Künstlern wie Black Sabbath und Alice Cooper zu gründen.

Queen veröffentlichten 1973 ihr erstes Album und dominierten die nächsten zwei Jahrzehnte mit ihrem eigenen speziellen Rockmusikstil.

Die 70er Jahre waren voller nennenswerter Verluste für die Musikszene. Jimi Hendrix, Jim Morrison und Janis Joplin starben alle im Alter von 27 Jahren und die Beatles trennten sich 1970, obwohl alle vier Mitglieder später eine erfolgreiche Karriere hatten.

Zugänglicher, textlich anspruchsvoller Mainstream-Rock wurde von Künstlern wie Bruce Springsteen und Bob Seger geschrieben und lief ausgiebig im Radio- und TV. Durch die starke Verbreitung von Plattenfirmen und Radiosendern entwickelte sich der Rock weiter. In den 70er Jahren entstanden Glam, Disco, Punk und New Wave. Die späten 70er Jahre läuteten ein neues Zeitalter von „Big Hair", Gitarrenrock mit Bands wie Van Halen, ein.

Hörempfehlungen

Rumours – Fleetwood Mac

The Wall / Animals / Wish You Were Here – Pink Floyd

Let it Be – The Beatles

Led Zeppelin III / IV / Physical Graffiti – Led Zeppelin

Queen / Queen II / Sheer Heart Attack / A Night at the Opera – Queen

Band on the Run – Wings

Machine Head – Deep Purple

Born to Run – Bruce Springsteen

Paranoid – Black Sabbath

Never Mind the Bollocks, Here's the Sex Pistols – The Sex Pistols

London Calling – The Clash

Selling England by the Pound – Genesis

Unknown Pleasures – Joy Division

Dire Straits – Dire Straits

Boston – Boston

Aja – Steely Dan

Off the Wall – Michael Jackson

Who's Next – The Who

Fragile – Yes

Dark Side of the Moon – Pink Floyd

Van Halen – Van Halen

Kiss / Alive – Kiss

(Pronounced 'Lĕh-›nérd ‹Skin-'nérd) – Lynyrd Skynyrd

Rhythmus-Stile

Die Stadion-Rockbands wie Led Zeppelin und The Who dominierten noch immer einen Großteil der 70er Jahre, aber jetzt waren ihre Riffs härter und kraftvoller. Dieses erste Beispiel zeigt, wie du Pull-Offs aus einem A-Akkord verwenden kannst, um einer einfachen Dreiakkordfolge Bewegung und Spannung hinzuzufügen.

Beispiel 9h:

Manchmal kann schon ein leicht unerwarteter Akkord ein Gefühl erzeugen, das eine Generation andauern kann. Die Kombination mit cleverer Off-Beat-Phrasierung trägt zur Kraft und Dramatik des folgenden Rhythmusteils bei.

Beispiel 9i:

Auch hier verbinden sich tighte Off-Beat Phrasierung und Kontrolle zu einem Rhythmus-Part, der den Song antreibt.

Beispiel 9j:

Das letzte Beispiel zeigt uns einen neuen Twist für den Blues-Shuffle. Wähle einen leichten Crunch und spiele ihn mit Attitüde.

Beispiel 9k:

Die 1980er Jahre

In den frühen 80er Jahren erwachte der Hard Rock wieder zum Leben, wobei Bands wie Mötley Crüe nach der Glam-Periode der 70er Jahre berühmt wurden. Heavy Metal wurde nach dem Durchbruch des New Wave of British Heavy Metal (NWOBHM) mit Bands wie Judas Priest, Saxon und Motörhead zum Mainstream.

Als Reaktion auf Glam entstand das Thrash Metal Genre in Kalifornien, wobei Bands wie Metallica, Anthrax und Slayer zu den wichtigsten Vertretern gehörten.

Guns N' Roses betraten 1987 mit *Appetite for Destruction* die Bühne und dominierten die Charts mit ihrem einzigartigen Ansatz für zugänglichen Hard Rock.

Der Erfolg von Bands wie Van Halen, Queen und AC/DC erstreckte sich über ein Jahrzehnt, in dem auch Künstler wie Alice Cooper und Aerosmith wieder auftauchten. Die 1980er Jahre waren auch das Jahrzehnt des „Guitar Virtuoso" mit Künstlern wie Eddie Van Halen, Joe Satriani, Steve Vai und Randy Rhoads, die viel Beachtung fanden.

Zu den wichtigsten Künstlern der Post-Punk-Bewegung gehören The Cure und The Smiths, die sich vom dunklen Klanggebiet der Punk-Bewegung entfernten und lyrische Raffinesse hinzufügten.

Instrumental sahen die 80er Jahre mehr Einfluss von Synthies und digitalen Instrumenten und eine Zunahme der digitalen Aufnahmetechniken, die eine stärkere Nutzung von Multi-Tracking und Studioeffekten ermöglichten.

Hörempfehlungen

Brothers in Arms – Dire Straits

Born in the USA – Bruce Springsteen

Synchronicity – The Police

Slippery When Wet – Bon Jovi

Hysteria – Def Leppard

The Queen is Dead – The Smiths

5150 / 1984 – Van Halen

Appetite for *Destruction* – Guns N' Roses

Ace of Spades – Motörhead

Master of Puppets – Metallica

Among the Living – Anthrax

Surfing with the Alien – Joe Satriani

Passion and Warfare – Steve Vai (1990)

Extreme – Extreme

Greatest Hits / A Kind of Magic – Queen

Blizzard of Ozz / Diary of a Madman / The Ultimate Sin – Ozzy Osbourne

Back in Black – AC/DC

Licensed to Ill – The Beastie Boys

Too Fast for Love / Shout at the Devil / Dr Feelgood – Mötley Crüe

Whitesnake / Slide it in – Whitesnake

The Unforgettable Fire / War / The Joshua Tree – U2

Rhythmus-Stile

Akkorde wurden oft als rhythmische Stabs in einer ansonsten statischen Harmonie gespielt. Das folgende Beispiel verwendet die Slash-Akkorde von Seite 71, um harmonische Läufe über einem A-Pedalton zu erzeugen. Halte die offenen Saiten stumm und lasse die Akkorde herausstechen.

Beispiel 91:

Rockbands wie Van Halen, Whitesnake und Extreme nutzten oft die folgende Ergänzung zum Dur-Barré-Akkord, um dem Rhythmusteil etwas Bewegung zu verleihen. Stelle dir diese Formen wie erweiterte Powerchords vor und füge die zusätzliche Note mit dem vierten Finger hinzu.

Beispiel 9m:

Manchmal braucht es nur ein paar Akkorde, um ein großes Comeback anzukündigen. Dieser nächste Rhythmuspart im Stil von AC/DC kombiniert ein eingängiges Lead-Fill mit drei einfachen Powerchords.

Beispiel 9n:

Die 1990er Jahre

Die frühen 90er Jahre waren geprägt vom Grunge-Sound, einer musikalischen Bewegung, die in Seattle entstand, um die Rockmusik von den Virtuosen der 80er Jahre zurückzugewinnen. Die wichtigsten Künstler waren Nirvana, Pearl Jam und Alice in Chains, und all diese Bands lehrten eine ganze Generation, dass man nicht Eddie Van Halen sein muss, um Gitarre zu spielen.

„Alternative" Rockbands erzielten Mainstream-Erfolge und The Red Hot Chili Peppers verschmolzen Funkideen mit einer Rockästhetik und wurden so zu einer der wichtigsten Bands des Jahrzehnts.

In Großbritannien wurde Britpop von den britischen Bands der 60er und 70er Jahre beeinflusst und sprach wieder einmal von einer Gegenkultur der Jugend. Oasis veröffentlichte das am zweithäufigsten verkaufte britische Album aller Zeiten mit *(What's the Story) Morning Glory*.

Hörempfehlungen

Nevermind / In Utero – Nirvana

Ten / Vs – Pearl Jam

Metallica (The Black Album) – Metallica

Dookie – Green Day

Blood Sugar Sex Magik / Californication – Red Hot Chili Peppers

(What's the Story) Morning Glory – Oasis

Superunknown – Soundgarden

Rage Against the Machine / Evil Empire – Rage Against the Machine

Follow the Leader – Korn

Ænima – Tool

OK Computer / The Bends – Radiohead

Weezer – Weezer

Urban Hymns – The Verve

Use Your Illusion I / II – Guns N' Roses

Grace – Jeff Buckley

Make Yourself / S.C.I.E.N.C.E. – Incubus

Sublime – Sublime

Parklife – Blur

Everything Must Go – Manic Street Preachers

Different Class – Pulp

The Stone Roses – The Stone Roses (1989)

Pills 'n' Thrills and Bellyaches – The Happy Mondays

Vulgar Display of Power / Cowboys from Hell – Pantera

Foo Fighters – Foo Fighters

Significant Other – Limp Bizkit

Doolittle – Pixies (1989)

Rhythmus-Stile

Im Grunge ging es weniger um instrumentale Fähigkeiten als vielmehr um die Botschaft, dass Musik für die Menschen ist. Das erste Beispiel verwendet einfache Powerchords und ein gerades Rhythmusgefühl, um gut reinzuhauen und gleichzeitig die gesangliche Botschaft durchzulassen.

Beispiel 9o:

Rock in den 90er Jahren entstand oft aus eingängigen, repetitiven Phrasen, die einfache Akkorde und Rhythmen verwendeten.

Beispiel 9p:

Dieses nächste Beispiel ist etwas poppiger, also verwende einen cleanen Sound und viel Attack beim Anschlag. Die folgende Rhythmusfigur basiert auf einem der meistverkauften Songs von 1991. Achte noch einmal darauf, wie der rockige Hammer-On in ein funky Riff verwandelt wurde.

Beispiel 9q:

Britpop verdankt den Bands der 60er und 70er Jahre, insbesondere den Beatles, sehr viel. Das folgende Beispiel verwendet gehaltene Noten über einer absteigenden Basslinie, um einen hymnischen Track zu erstellen.

Beispiel 9r:

Die 2000er Jahre

Bis in die 2000er Jahre hinein war das Internet eine treibende Kraft bei der Förderung und Entdeckung von Musik. Da Künstler nun Musik ohne Plattenfirmen frei verbreiten konnten, begann eine deutliche Fragmentierung der Genres. Es war auch einfacher für die Künstler, sich von neuen Einflüssen inspirieren zu lassen.

Außerhalb der USA war Britpop immer noch sehr beliebt, obwohl Bands gegen Ende des Jahrzehnts bestrebt waren, ihr Britpop-Label zu verlieren und sich als „Post-Britpop" zu bezeichnen, obwohl sie immer noch Einfluss von Bands wie The Rolling Stones und The Beatles hatten.

Alternativer Rock und andere Genres des Hard Rock, wie Nu Metal, Post-Grunge und Emo, blühten aus älteren, etablierten Genres auf. Mitte des Jahrzehnts gab es eine leichte Wiederbelebung des Power-Rock, angeführt von Bands wie The Darkness.

In härteren Rock-Stilen waren siebensaitige Gitarren nun allgegenwärtig, nachdem sie in den späten 90er Jahren durch Bands wie Korn und Limp Bizkit immer mehr zum Mainstream wurden.

Hörempfehlungen

Continuum – John Mayer

Black Holes and Revelations – Muse

Bleed American – Jimmy Eat World

This Is It – The Strokes

Audioslave – Audioslave

Lateralus – Tool

American Idiot – Green Day

Permission to Land – The Darkness

X & Y – Coldplay

Echo Park – Feeder

In Your Honor / One by One – Foo Fighters

City of Evil / Waking the Fallen – Avenged Sevenfold

The Green Album – Weezer

Employment – Kaiser Chiefs

In Keeping Secrets of Silent Earth: 3 – Coheed and Cambria

From Under The Cork Tree – Fall Out Boy

Take Off Your Pants and Jacket – Blink-182

Songs for the Deaf – Queens of the Stone Age

Funeral – Arcade Fire

White Blood Cells / Elephant – The White Stripes

Toxicity – System of a Down

Reinventing the Steel – Pantera

The Black Parade – My Chemical Romance

Rhythmus-Stile

Diese Beispiele konzentrieren sich auf die besser zugängliche Seite des Rock. Wenn du etwas härter werden möchtest, schau dir das Buch **Heavy Metal Rhythmusgitarre** von Rob Thorpe an. Zur Jahrtausendwende war die Rockmusik unglaublich vielfältig, also betrachte die folgenden Beispiele nur als die Spitze des Eisbergs.

Spiele das erste Beispiel straff, stakkatoartig und aggressiv. Stelle dir jeden vollen Akkord vor wie einen Vorschlaghammer, der eine Steinmauer niederreißt.

Beispiel 9s:

Das folgende Beispiel wurde von Green Days kraftvollem Riffing inspiriert, also spiel es schnell und laut. Beachte, wie nur ein einziger Off-Beat auf dem D5-Akkord eine Kette von Ereignissen aufbaut, die erst auf halbem Weg durch den nächsten Takt gelöst werden.

Beispiel 9t:

Das nächste Beispiel ist ein *You Really Got Me* für eine neue Generation. Treibende, synkopierte Powerchords und ein eingängiger Melodie-Lick bringen alles zusammen.

Beispiel 9u:

Dieses letzte Beispiel kombiniert Barré-Akkordfragmente mit einer kleinen, repetitiven Verzierung zu einem luftigen, einprägsamen Rhythmusteil, der einen großen Kontrast zu einer geschäftigen Gesangsmelodie bildet.

Beispiel 9v:

Die 2010er Jahre

Dieses Jahrzehnt wurde von Rockbands wie Foo Fighters, Avenged Sevenfold, Bullet for my Valentine und Fall Out Boy dominiert. Aber auch einige der größten Namen im Rock, wie AC/DC und Van Halen, sind wieder aufgetaucht.

Im Allgemeinen verdankt der leichtere Pop-Rock den Grunge-Bands der 90er Jahre viel, während schwerere Rock-Gitarrenparts immer noch viele Powerchord-Ideen verwenden, die im Stil den Hair-Bands der 80er Jahre ähnlich sind. Doch Rock ist heute vielfältiger denn je, mit einem Subgenre für jeden Geschmack. Ich kann hier nicht jeden Stil abdecken, aber einige wichtige Ideen sind unten aufgeführt.

Hörempfehlungen

The Suburbs / Reflektor – Arcade Fire

Suck It and See – Arctic Monkeys

Wasting Light / Sonic Highways – Foo Fighters

El Camino / Turn Blue – The Black Keys

Hail to the King – Avenged Sevenfold

Culture Clash – The Aristocrats

MBV – My Bloody Valentine

...Like Clockwork – Queens of the Stone Age

Modern Vampires of the City – Vampire Weekend

Wrecking Ball – Bruce Springsteen

Rhythmus-Stile

Ein Beispiel für einen schwereren Powerchord beginnt in diesem Jahrzehnt: Achte sorgfältig auf das gedämpfte Geschrammel und halte das Muting in der Schlaghand straff.

Beispiel 9w:

Achte auf das Shuffle-Feeling dieses nächsten Riffs. Spiele die Akkorde in den zweiten vier Takten etwas straighter, um ein hymnisches Riff zu erzeugen.

Beispiel 9x:

Hier ist ein weiteres Riff mit viel Synkopierung, das die Wurzeln des modernen Rock in den 1960er Jahren zeigt.

Beispiel 9y:

Fazit und Tipps für die Praxis

In diesem Buch habe ich versucht, dir die Werkzeuge zu geben, die du brauchst, um ein selbstbewusster, genauer und kompetenter Rock-Rhythmusgitarrist zu werden. Wenn du den ersten Teil dieses Buches durchgearbeitet hast, dann bist du auf dem besten Weg, jeden Rhythmus spielen zu können, den du dir vorstellen kannst. Achte darauf, dass du immer wieder auf diese Übungen zurückkommst, da unser Rhythmusgefühl mit der Zeit manchmal etwas schlampig wird.

Eine nützliche Übungsidee ist es, die Übungen in Teil 1 jeden Tag vor Beginn der Übung als kurzes Aufwärmen zu spielen. Schon wenn man sich zehn Minuten Zeit nimmt, sich auf den Rhythmus zu konzentrieren, bevor man anfängt zu spielen, hat das einen weitreichenden und positiven Effekt auf den Rest der Übungen, die man in dieser Sitzung macht.

Gitarristen werden oft so sehr von Skalen, Arpeggien und Lead-Gitarrenkonzepten abgelenkt, dass wir oft vergessen, dass „die richtige Note zur falschen Zeit gespielt, immer noch eine falsche Note ist". Die Entwicklung einer bewussten Kontrolle deiner rhythmischen Platzierung wird es dir ermöglichen, alle anderen musikalischen Konzepte viel flüssiger zu nutzen. Ein starkes Rhythmusgefühl zu entwickeln, war definitiv der Teil meiner Entwicklung, der es mir ermöglichte zu hören, dass Gitarristen oft einfache Ideen verwenden – sie spielen sie nur mit einwandfreiem Timing.

Übe immer mit einer Kombination aus Backing-Tracks und einem Metronom. Backing-Tracks können mehr Spaß machen, da sie dir mehr Groove geben, mit dem du arbeiten kannst, aber wenn du alles auf einen einfachen Klick spielst, arbeitest du härter, um dein eigenes Zeitgefühl zu entwickeln.

Wenn sich dein Zeitgefühl verbessert, versuche, die Geschwindigkeit des Metronoms zu halbieren und den Klick auf der Zwei und Vier des Taktes zu hören. Da du die Eins und Drei selbst ausfüllen musst, bist du gezwungen, dich mehr zu konzentrieren, was wiederum dein Rhythmusgefühl verbessert. Irgendwann kannst du vielleicht mit dem Klick nur auf Schlag vier üben.

Als moderner Gitarrist ist die rhythmische Genauigkeit eine der wichtigsten Fähigkeiten, die du entwickeln kannst. Die Kontrolle darüber, was und *wann* du spielst, macht dich zu einem wertvollen Musiker in jeder Bandsituation. Manchmal scheint es, als wolle jeder Leadgitarre spielen, aber die Wahrheit ist, dass dir als vielseitiger und kreativer Rhythmusgitarrist viele weitere Türen geöffnet werden.

Die eine Sache, die wirklich schwer zu lehren ist, ist *Kreativität*, aber ich glaube, je mehr wir über die Musik anderer Leute lernen, desto mehr werden wir aufsaugen. All diese Ideen werden dann in unserem Unterbewusstsein kombiniert und kommen schließlich als unsere eigene unverwechselbare Stimme zum Vorschein.

Wenn du mal Probleme hast, deine eigenen Riffs und Rhythmusparts zu schreiben, stelle dir die Aufgabe, einen Part im Stil eines bestimmten Gitarristen zu schreiben. Höre genau auf seine rhythmischen Ideen und versuche sie auf deine Akkordprogression zu übertragen. Wenn du diese Übung machst und dein Spiel von drei oder vier verschiedenen Gitarristen inspirieren lässt, kann ich dir garantieren, dass dir nach kurzer Zeit etwas Originelles und Persönliches einfallen wird.

Experimentieren ist immer der Schlüssel und die Zusammenarbeit mit anderen Musikern hilft dabei. In der Musik ist das Ganze meist mehr als die Summe seiner Teile und diese Idee gilt auch für die Kreativität. Wenn du Songs schreibst, triff dich mit ein paar Musikern und gib ihnen freien Lauf, mit deinen Ideen kreativ zu werden. Isoliere dich nicht und versuche, alles selbst zu schreiben, sondern stelle sicher, dass du genug geübt hast, um alles spielen zu können, was in der Sitzung aufkommt, auch wenn es ein paar Minuten dauert.

Höre dir alles an, was du kannst, sowohl innerhalb als auch außerhalb deiner bevorzugten Genres. Je mehr du hörst, desto mehr wirst du zum Spielen finden. Dein Gehirn wird zu einem großen Schmelztiegel musikalischer Ideen und du wirst immer etwas auf deinem Instrument zu sagen haben.

Ich glaube, es ist auch wichtig, ein paar Minuten zu finden, um Musik zu hören, die man *nicht* mag, solange man analytisch darüber nachdenkt, was man genau daran blöd findet. Denke daran, dass viele Akkordfolgen immer wieder in allen Formen der Musik verwendet werden, also sei dir darüber im Klaren, was dir nicht gefällt. Zum Beispiel kann es die Melodie, die Produktion, der Gitarrensound oder die Bassline sein.... die Liste ist unendlich.

Die andere Seite des gelegentlichen Hörens von Musik, die man nicht mag, ist, dass es manchmal eine tolle Idee gibt, die man nutzen und für seine eigenen Bedürfnisse „wiederverwenden" kann. Vielleicht würde dieser Justin Bieber-Mittelteil besser funktionieren, wenn er in deinem Nu Metal-Meisterwerk neu gestaltet würde?!

Mit nur einer begrenzten Auswahl an gemeinsamen Akkorden bedienen sich die Musiker die ganze Zeit, oft unbewusst, voneinander. Plagiiere niemals, aber es ist in Ordnung, sich von den Werken anderer inspirieren zu lassen. Die Transkription der Musik anderer ist eine der schnellsten Möglichkeiten, dein Instrument zu beherrschen.

Musik ermöglicht es uns, eine Stimme zu finden und sie sollte immer eine positive Erfahrung für alle Beteiligten sein. Stelle einfach sicher, dass du Freude an dem hast, was du tust.

Viel Spaß dabei!

Joseph

Anhang: Fortgeschrittene Rhythmusübungen

Auf den folgenden Seiten findest du die fortgeschritteneren Rhythmusübungen aus Teil 1 dieses Buches, damit du die technischen und musikalischen Beispiele leichter ausbalancieren kannst. Sie sind als Audio-Downloads mit ihren ursprünglichen Titelnummern enthalten.

Erweiterte Beispiele aus Kapitel 4

Es gibt fünf weitere wichtige rhythmische Gruppierungen, die zwei 1/16tel-Noten und zwei 1/16tel-Pausen kombinieren. Wir werden sie hier der Vollständigkeit halber behandeln, obwohl du wahrscheinlich schon angefangen hast, diese Permutationen selbst herauszufinden.

Wir werden uns jede Gruppierung nacheinander ansehen und ein rhythmisches Beispiel für jede einzelne studieren. Diese Beispiele werden allmählich schwieriger, aber wenn man sie langsam angeht und seine Schlaghand immer in Bewegung hält, wird man sie schnell beherrschen. Wie immer, höre genau hin und spiele zum Audiobeispiel mit. So wirst du dramatische Fortschritte erzielen.

Lerne die folgenden Beispiele auf die gleiche Weise wie die früheren. Beginne mit vollständig gedämpften Anschlägen, spiele einzelne gedämpfte Noten und füge schließlich Statik hinzu, gefolgt von wechselnden Powerchords.

Beispiel 4q:

Beispiel 4r:

Beispiel 4s:

Beispiel 4t:

Beispiel 4u:

Beispiel 4v:

Beispiel 4w:

Beispiel 4x:

Beispiel 4y:

Beispiel 4z:

Erweiterte Beispiele aus Kapitel 5

Um deine Fähigkeiten zu testen, sind hier einige extrem spärliche rhythmische Teile, die du ausprobieren kannst.

Wenn du anfängst, sie zu meistern, versuche, sie zusammen mit dem ersten Backing Track zu spielen, bevor du zu den schnelleren Tracks wechselst.

Beginne mit gedämpften Anschlägen, bevor du zu einem E5-Akkord übergehst und dann Akkordfolgen verwendest.

Beispiel 5k:

Beispiel 5l:

Beispiel 5m:

Erstelle so viele dieser Arten von Rhythmen wie möglich. Du könntest damit beginnen, Rhythmen beliebig und zufällig zu schreiben und verschiedene 1/16tel-Noten-Rhythmen zu kombinieren.

Die Fähigkeit, spärliche Akkordschläge zu spielen, wird dich als exzellenten Rock-Rhythmus-Gitarristen auszeichnen. Übe jeden Rhythmus sowohl mit Backing-Tracks als auch mit deinem Metronom. Es ist einfacher, mit einem Backing-Track zu üben, aber du musst härter arbeiten und selbstständiger werden, wenn du nur ein Metronom verwendest. Kombiniere idealerweise beide Ansätze.